法学与法治建设研究丛书

孟庆瑜 主编

RESEARCH ON JURISPRUDENCE AND RULE OF LAW

19

河北大学一流大学建设项目经费资助

河北省高等学校人文社会科学重点研究基地
——河北大学国家治理法治化研究中心资助

机构投资者参与公司治理

理论解析与实证探索

Institutional Investors' Participation in Corporate Governance: Theoretical Analysis and Empirical Exploration

王心怡 常琦 著

法律出版社 LAW PRESS·CHINA

——北京——

图书在版编目(CIP)数据

机构投资者参与公司治理：理论解析与实证探索 / 王心怡，常琦著. -- 北京：法律出版社，2022
(法学与法治建设研究文丛 / 孟庆瑜主编)
ISBN 978 - 7 - 5197 - 6182 - 0

Ⅰ. ①机… Ⅱ. ①王… ②常… Ⅲ. ①机构投资者 - 企业管理 - 公司法 - 研究 - 中国 Ⅳ. ①D922.291.914

中国版本图书馆 CIP 数据核字(2021)第 232949 号

机构投资者参与公司治理:理论解析与实证探索 **JIGOU TOUZIZHE CANYU GONGSI ZHILI: LILUN JIEXI YU SHIZHENG TANSUO**	王心怡 常 琦 著	策划编辑 陈 妮 责任编辑 陈 妮 黄 筝 装帧设计 汪奇峰

出版发行 法律出版社	**开本** 710 毫米×1000 毫米 1/16
编辑统筹 法治与经济出版分社	**印张** 11.75 **字数** 197 千
责任校对 王 丰 郭艳萍	**版本** 2022 年 11 月第 1 版
责任印制 吕亚莉	**印次** 2022 年 11 月第 1 次印刷
经 销 新华书店	**印刷** 北京虎彩文化传播有限公司

地址:北京市丰台区莲花池西里 7 号(100073)
网址:www.lawpress.com.cn　　销售电话:010 - 83938349
投稿邮箱:info@lawpress.com.cn　　客服电话:010 - 83938350
举报盗版邮箱:jbwq@lawpress.com.cn　　咨询电话:010 - 63939796

书号:ISBN 978 - 7 - 5197 - 6182 - 0　　**定价**:73.00 元
凡购买本社图书,如有印装错误,我社负责退换。电话:010 - 83938349

《法学与法治建设研究文丛》

总　序

“完善和发展中国特色社会主义制度,推进国家治理体系和治理能力现代化”是党的十八届三中全会确立的全面深化改革的总目标。在实现这一总目标的过程中,法治发挥着至关重要的作用。《中共中央关于全面推进依法治国若干重大问题的决定》进一步深刻指出,“依法治国,是坚持和发展中国特色社会主义的本质要求和重要保障,是实现国家治理体系和治理能力现代化的必然要求”。因此,将国家治理的现代化目标与全面推进依法治国的战略布局相结合,实现国家治理的法治化,不仅是党和政府全面推进的重大改革任务,而且是广大社会公众,特别是广大法律、法学工作者必须积极参与的重大系统工程。正是在这样一个特定的时代背景下,河北大学国家治理法治化研究中心适时成立和运行,并成功获批为河北省高等学校人文社会科学重点研究基地。

河北大学国家治理法治化研究中心是依托河北大学人大制度与地方立法研究中心、河北省政府法治研究中心等学术机构,整合法学、政治学、经济学、社会学等多方面的科研力量创建的,与河北省人大常委会法制工作委员会、河北省人民政府法制办公室、河北省人民检察院和河北省高级人民法院等国家机关和法律实务部门之间已建立交流与合作的长效机制。中心拥有一支政治素质高、业务能力强、富有团队协作和创新精神的专兼职相结合的学术队伍,主要围绕人大制度与地方立法、政府法治与政府执行力、社会治理与法治创新、京津冀协同发展与地方法治等方向开展科学研究、人才培养和社会服务等工作。迄今为止，中心在课题研究方面，承担国家社会科学基金项目近10项，其中，中心负责人孟庆瑜教授主持的国家社会科学基金重点项目《京津冀区域生态环境协同治理政策法律问题研究》实现了河北省在该领域的突破；在决策咨询与服务方面，接受省人大法制工作委员会、省政府法制办公室、省人民检察院等部门委托，承担委托起草、专家论证、立法后评估、检察公信力测评等工作40余项；在学术交流方面，承办或协办第三届海峡两岸能源经济与能源法学术交流会、第六届中国农村法治论坛、第九届中国财税法前沿高端论坛、中国经济法学研究会2015年年会等多个全国性学术会议。

《法学与法治建设研究文丛》是河北大学国家治理法治化研究中心创设的，由法律出版社负责出版的研究成果转化平台，着力对法学研究和法治建设方面的原创性或实用性成果予以资助出版，以期能为推进国家治理体系和治理能力现代化这一总目标的实现提供必要的理论和决策参考。

河北大学国家治理法治化研究中心
《法学与法治建设研究文丛》编辑委员会
2015年12月

目录

绪 论

一、选题的背景和意义

现代社会发展至今，公司已经成为社会经济的重要组成细胞，公司尤其是上市公司的稳定良性发展对国民经济的发展发挥着重要作用。截至 2019 年 9 月，中国上市公司总数达到 3708 家。A 股上市公司的总市值达到了 54.58 万亿元，流通市值为 44.52 万亿元，沪深两市总市值与 2018 年 GDP(90.03 万亿元)的比例为 62.94%。[1] 可见，上市公司业绩的好坏对国民财富增长的重要性。然而，目前我国上市公司整体业绩不佳，资本市场存在绩差股、小盘股、题材股的估值水平远高于大盘股和蓝筹股估值水平的现象。从投资者的角度来讲，投资者长期热衷于“炒新”“炒小”“炒差”“炒短”等非理性的交易行为，资本市场的良性发展受到阻碍。[2] 造成这些现象的一个重要原因是，上市公司缺乏良好的公司治理，内部人控制以及大股东损害上市公司、中小股东合法权益的现象层出不穷，长期困扰公司治理的两大代理问题在中国上市公司治理过程中表现得尤为明显。

在以美国为代表的英美法系国家的公司治理模式中，由于公众股东大量持股，股权相对分散，股东既缺乏动力也缺乏精力参与公司治理。在这样的情况下，分散的公众股东希望公司董事及高管作为他们的代理人，帮助他们经营公司，并通过公司盈利实现股东财富最大化。然而，当公司经营成功时，公司

---

〔1〕《全球宏观经济数据》，载新浪财经网，http://finance.sina.com.cn/worldmac/，2019 年 11 月 4 日最后访问。

〔2〕 上海证券交易所资本市场研究所：《中国公司治理报告(2012)：投资者行为与公司治理》，上海人民出版社 2013 年版，第 1 页。

董事及高管不能获得全部的收益;当公司经营失败时,他们也不用承担所有的损失。基于上述考虑,公司董事及高管没有足够的动力将股东的财富最大化。加之管理者本身的道德风险、信息不对称以及契约不完备等因素,由此产生了在"董事会中心主义治理模式"下长时间困扰公司治理的第一类委托—代理问题。《中国公司治理报告》认为:"内部人控制是中国上市公司治理结构的重要特征之一,内部人控制就是在所有权与经营权分离的公司中,投资者不能有效地对经理人进行最终的控制,经理人就可能利用其控制权谋求个人或者小集团的利益,最终损害全体投资者的利益。主要表现在,当控股股东为私人或企业时,内部人控制往往与家族企业现象结合在一起。当控股股东为国家时,内部人控制往往又与政企不分现象结合在一起。与内部人控制相应的是上市公司主要高管大权独揽,往往集公司的控制权、执行权与监督权于一身。"[1]

除公司治理中存在的第一类委托—代理问题外,还存在公司治理的第二类委托—代理问题。以拉波塔(La Porta)、洛佩兹·西拉内斯(Lopez-de-Silances)和安德烈·莱弗(Andrei Shleifer)为代表的学者在研究中发现:大股东持股可能较伯利—米恩斯所认为的分散持股更普遍。自此,公司治理的研究焦点部分转向了关注大股东与小股东之间矛盾的解决上,这种矛盾被大多数研究此类问题的学者用"隧道行为"的概念加以描述,大股东的"隧道行为"通常会对中小股东及其他利益相关者产生较强的权利侵害。由于历史原因,我国上市公司存在较为特殊的股权结构,大股东持股的集中度较高。例如,上市公司多系国有企业改制而成。母公司在股权结构上往往拥有绝对的控股地位。在经营中,母公司也会通过股权的控制与上市公司之间存在千丝万缕的联系,关联交易、资产重组、融资往来以及担保、租赁等行为不可避免。[2] 控制股东滥用控制权,以获取"控制权私人收益"为目的侵害上市公司与非控制股东权益的行为类型繁杂,控制股东的代理问题也很突出。因此,如何改善我国

---

〔1〕 上海证券交易所研究中心:《中国公司治理报告(2003年)》,复旦大学出版社2003年版,第86页。

〔2〕 朱慈蕴、林凯:《公司制度趋同理论检视下的中国公司治理评析》,载《法学研究》2013年第5期。

上市公司治理水平，破解两大委托—代理问题对中国上市公司治理的困扰，是必须面对的问题。

面对两大委托—代理问题对提高中国上市公司治理水平的困扰，应当考虑加强对机构投资者的培育，优化其作为特定目标公司机构股东参与目标公司治理的环境，提高其参与公司治理的积极性。一方面，按照股权制衡的理论，机构股东参与公司治理可以对控股股东进行制约和牵制，增加其从事侵害行为的成本，从而减少"隧道行为"的发生概率；另一方面，在控股股东为国有股股东而导致的"所有者"缺位的情况下，通过股东"补位"功能的实现，加强对管理层的监督，防止高管侵害行为的发生，无疑成为我国提高上市公司治理水平的有效途径。在现实中，立法者也看到了倡导和鼓励机构投资者参与公司治理的优势。2018 年修订的《上市公司治理准则》借鉴了经济合作与发展组织(Organization for Economic Cooperation and Development，OECD)《公司治理原则》中的相关规定，增设了机构投资者的内容。其中，对机构投资者参与目标公司治理的总体要求、参与治理的途径以及相关参与治理情况的披露进行了规范。此次修订的目的旨在适应在我国资本市场中机构投资者发挥重要作用的实践，其鼓励积极参与目标公司治理，发挥机构股东的治理作用。数据显示，机构投资者参与上市公司治理的数量在逐年增加。截至 2018 年年底，97 家基金管理公司代表基金参加上市公司股东大会 4795 次，共就 28, 009 项议案行使投票表决权。其中，实行累积投票制的议案共有 1515 项，实行非累积投票制的议案共有 26, 494 项。在实行非累积投票制的议案中，基金管理公司对 26, 091 项议案投赞成票，投反对票和弃权票的议案数量分别为 129 项和 274 项。[1]

从理论上来看，公司治理是指股东对公司管理者监督与制衡的正式制度。公司治理制度的根本目的在于，通过一系列的制度设计，保证公司管理层按照股东利益管理公司，防止公司管理层与股东的利益发生背离，[2] 在这些制度

〔1〕 巩海滨主编：《中国资本市场投资者保护状况白皮书》，中国证券投资者保护基金有限责任公司 2019 年版，第 11 页。

〔2〕 李维安、武立东编著：《公司治理教程》，上海人民出版社 2002 年版，第 39 页。

中,股东参与公司治理就是重要的制度安排之一。股东是公司最重要的组成元素,他们的出资构成了公司的股权资本,公司股东是公司资产的最终实际所有者。因此,公司经营状况的好坏与股东个人的利益休戚相关,在这一命题下,股东最具有对公司经营者进行监督的动力。值得注意的是,股东参与公司治理也存在相应的问题。在欧美国家,股权结构过于分散,持有股份数额较少的中小股东往往很难有动力参与公司治理。原因在于,一方面,无论股东是否积极参与了监督高管的行动,对公司高管的监督的成果都将惠及每一位股东,因此极易产生所谓的"搭便车"行为;另一方面,由于中小股东持股份额较少,中小股东通过参与公司治理获得的收益,一般不足以覆盖其监督成本,因此期冀中小股东通过行使股东权利对管理层进行监督缺乏足够的理由和依据。在中小股东无法有效行使权利的情况下,很多学者便考虑给予大股东更多的权利,使其履行对公司高管的监督职能。理由在于,大股东拥有的股份数额较大、持股比例较高,其获得的监督成果足以覆盖或超出付出的成本,基于此种理由大股东通常会比小股东更有动力去监督公司董事及高管。然而,以我国的司法实践状况为例,我国《公司法》赋予了股东大量权利以实现股东对公司的完全控制。基于上述股东参与公司治理、发挥治理作用过程中所产生的困境,本书的研究主要具有两个方面的意义。

第一,探讨是否可以通过优化机构投资者股东权利的行使提升目标公司的治理效率。在公司治理实践中,中小股东缺乏足够的精力和动力参与公司治理,而控制股东也有极大的可能会滥用股东权利,两者参与治理均无法有效提升目标公司的治理效率。机构投资者作为特定目标公司的机构股东,虽然也可能居于中小股东的地位,但是与普通的个人股东相比具有很多重要的区别。首先,机构投资者集千百万分散投资者的财富于一身。因此,一旦它们所投资的目标公司获利,无论是机构投资者本身还是其最终财产委托人的财富都将成百上千倍地增长,它们参与目标公司治理的收益明显要高于其所付出的成本。因此,相较其他个人股东,机构投资者会有更强的动力参与目标公司治理。其次,虽然机构投资者通过在资本市场进行股票交易活动,成为特定目标公司的机构股东,但是,其作为金融性中介机构的本质属性并没有发生任何改变。中介机构作为社会组织,其影响力要远远高于较为分散的个人中小股东。在机构投资者采取“一致行动”的情况下,参与目标公司治理取得良好效果的成功率更是会大大提升。最后,通常来讲,机构投资者为了增加机构资产委托人的收益,会聘用专业的人员进行投资分析。这些分析中包括大量机构投资者所投资目标公司的治理信息,而这些专业的信息反过来又会便利其参与公司治理,提高治理效率。基于上述理由,转换行使股东权利主体的视角,探讨机构投资者如何能够更好地参与目标公司治理,提升目标公司的治理水平与治理效率,与单纯地探讨大股东或者分散的中小股东参与公司治理相比,对现有制度更能起到良好的补充作用。

第二,2019 年国家外汇管理局全面取消合格境外投资者投资额度限制。同时,随着混合所有制改革的不断推进,也会逐渐解决我国公司股权结构模式中“一股独大”的难题,优化机构投资者参与特定目标公司治理的股权环境,使其能够发出更多的声音。然而,受到机构投资者本身以及资本市场发展阶段的限制,目前我国对机构投资者作为特定目标公司机构股东参与公司治理的许多问题,还缺乏可操作的实践性经验。2018 年修订的《上市公司治理准则》中虽然明确规定,机构投资者应当在公司治理事项中发挥作用。然而,这种立法模式仅表现为一种倡导性的规定。在法律规范中,缺乏对机构投资者拥有的股东权利类型、权利行使程序,以及权利行使边界的规定,对权利的行使造成了阻碍。我们也应当注意到,参考的相关法律制度必须与我国目前资本市场的发展阶段、机构投资者的发展现状以及既有的法律制度规范相结合,构建具有我国特色的机构投资者参与目标公司治理的法律规范制度体系。以英美法系国家单层治理结构模式为例,在这种结构模式下,往往缺乏对董事行为的监督,为了弥补这一缺陷,法律规范会对机构投资者的监督作用予以重视。然而,在这一过程中也难免会出现股东干涉董事会正常履行职权的情况,这也是近些年来西方学者对机构投资者参与目标公司治理行为多有非议的重要原因。与英美法系国家单层治理结构模式相对,我国公司的治理结构表现为公司权力机关、执行机关以及监督机关并行的模式。董事会及高管的行为会受到监事会及独立董事在内的公司监督机关的监督。因此,机构股东应当通过何种途径参与目标公司治理,发挥股东监督作用,并与监事会、独立董事的职能进行区分,都是我们探讨机构投资者参与目标公司治理本土化过程中不能回避的重要问题。

以理性投资为典型特征的机构投资者能以特定目标公司机构股东的身份积极行使股东权利,参与目标公司治理,对提升目标公司治理效率有十分重要的意义。本书倡导通过完善相关法律制度规范,从而保障、鼓励作为目标公司机构股东的机构投资者能够按照《公司法》对于股东权利的相关规定,通过行使股东的合法权利,间接发挥对目标公司控制股东以及公司管理层的监督作用,使具有长期持股特征的机构投资者的价值导向成为公司治理的理性力量和制约力量。引发整个"安然事件"曝光的导火索,既不是源自公司的自我披露,也不是源于公司管理层的内讧,更不是始于证券监管机构的查处以及个别小股东的偶然行为,而是通过作为机构投资者代言人的买方分析师(buy-side analyst)不断质疑、追问而逐渐公开的。[1]

二、研究现状

(一)国外的研究现状

欧美国家对机构投资者参与目标公司治理的研究,经历了很长一段时间。但是,近些年来的研究逐渐转向经济学上的视角。具体表现为学者们更加偏向于大量地采集实证数据,并应用经济学的研究方法,探讨作为特定目标公司的机构股东——机构投资者参与目标公司治理产生的实际效果,即使是法学研究类的文章,也大多偏向于法经济学。故而,本书不仅对围绕机构投资者参与目标公司治理的法学研究成果作出总结与评价,同时也将其他学科的研究成果一并纳入考察,为法学研究提供重要启迪。

20世纪70年代,发达国家机构投资者作为机构股东积极参与目标公司治理曾引起学术界的广泛关注。美国管理学大师彼得·德鲁克(Peter F. Drucker)在其著作《看不见的革命》一书中,分析了以养老基金为代表的机构投

[1] 陈志武、杨林:《谁揭穿安然》,载《财经》2002年第1期。

资者迅速发展并逐渐成为美国大公司的控制股东,为公司治理带来的巨大改变。[1] 随着机构投资者的不断发展壮大、持股数量的不断增加,学者将注意力投向了这一问题。2011 年,由丽莎 · M. 费尔法克斯(Lisa M. Fairfax)撰写的《股东民主论——股东积极主义与参与权的基础》一书,也指出随着时代的发展,机构投资者已经更为积极地参与到目标公司治理当中,欧美国家常见的个人股东的积极主义行为已经演变为机构投资者的积极主义行为。[2] 总体来说,目前对于机构投资者作为特定目标公司机构股东参与公司治理的研究主要集中在以下几个方面:

第一,机构投资者参与目标公司治理行为模式发生转变的原因探讨。欧美许多学者大都将研究的目光投向机构投资者作为特定目标公司机构股东参与公司治理行为模式发生转变的原因。机构投资者对于参与目标公司治理的态度,并不是一成不变的。20 世纪 80 年代的前几十年内,机构投资者往往不关注目标公司治理,它们只关心公司股票的价格,当对公司治理不满时,便采用"用脚投票"的方式离开目标公司。学者们根据经济学家曼柯 · 奥尔逊(Mancur Olson)的理论,认为参与公司治理提升公司业绩对众多股东来说是公共产品,因而极易产生"搭便车"的行为,参与目标公司的治理对机构投资者来说并没有吸引力;[3] 当然,法律规范中存在的重大障碍也是机构投资者不能行使股东权利积极参与目标公司治理的不可忽视的因素。[4] 然而,这种态度在 20 世纪 80 年代以后发生了重大改变,机构投资者越来越积极地参与到目标公司的治理中。根据学者们的分析,机构投资者在特定目标公司中持股数量及份额的增长,使其参与公司治理所获得的收益远远大于付出的成本,因此更容

〔1〕 Peter F. Drucker, *The Pension Fund Revolution*, Transaction Publishers, 1976, p. 207 – 225.

〔2〕 Lisa M. Fairfax, *Shareholder Democracy: A Primer on Shareholder Activism and Participation*, Carolina Academic Press, 2011, p. 45 – 58.

〔3〕 Edward B. Rock, *Insitutional Investors in Corporate Governance*, https://scholarship.law.upenn.edu/faculty_scholarship/1458/, Mar. 15, 2020.

〔4〕 Peter Iliev et al., *Shareholder Voting and Corporate Governance Around the Word*, The Review of Financial Studies 28, 2015, p. 2169.

易突破“搭便车”理论对其行为的桎梏,是其态度发生转变的最为重要的原因。[1] 同时,法律规范对机构投资者参与公司治理管制的放松,甚至是积极引导,以及对冲基金等更易于从目标公司治理改善中获得收益的新型机构投资者的崛起,也是其参与公司治理态度转变不可忽视的重要因素。[2]

第二,机构投资者类型的研究以及因其类型不同对参与公司治理的影响。国外还有很多学者对机构投资者的类型进行了分类研究,并分析了不同类型对其作为特定目标公司机构股东参与目标公司治理的影响。例如,根据设立目的进行分类,机构投资者包括退休基金、工会及其附属基金、公共基金以及对冲基金。[3] 学者们认为,这些机构投资者因为成立的目的不同,对参与目标公司治理的动力来源也就不同。公共基金及对冲基金以帮助客户进行投资和盈利为主要目的,相较营利性较差的退休基金以及工会及其附属基金,有更强的动力参与目标公司治理。养老基金通常会迫于压力而从事积极的公司治理行为,而工会及其附属基金则往往会为了追求普通劳动者的利益而积极参与相关公司的治理。即使是以营利为目的而存在的公共基金以及对冲基金,它们之间也会因为营利模式的不同,而存在参与公司治理动力的差异。对冲基金主要通过帮助客户在股票市场上进行投资而获取利润,相较将向基金投资人收取管理费作为其主要营利来源的公共基金,具有更强的改善目标公司治理的动力,以此获得较为高额的回报。[4]

此外,还有学者将机构投资者区分为“压力敏感型”、“抗压力型”以及“压力无法确定型”3 种类型。“压力敏感型”的机构投资者包括保险公司、银行以及信托机构等,而“压力不敏感型”的机构投资者则主要是指公共退休基金、投资咨询机构等。“压力敏感型”的机构投资者作为机构股东,与目标公司具有

---

〔1〕 Matthew Denes et al., *Thirty Years of Shareholder Activism: A Survey of Empirical Research*, Journal of Corporate Finance 44, 2017, p. 412.

〔2〕 Bernard S. Black, *Shareholder Activism and Corporate Governance in the U. S*, New Palgrave Dictionary of Economics and the Law 3, 1998, p. 459 - 465.

〔3〕 Lisa M. Fairfax, *Shareholder Democracy: A Primer on Shareholder Activism and Participation*, Carolina Academic Press, 2011, p. 45 - 58.

〔4〕 K. A. D. Camara, *Classifying Institutional Investors*, Journal of Corporation Law Winter, 2005, p. 229.

密切的业务关系,因而在参与目标公司治理过程中,往往会与目标公司的管理层保持一致,以便实现营利目标。而“压力不敏感型”的机构投资者由于与目标公司关联较少,因而一般不会考虑管理层的需求,而是会根据自身的需求和专业人员提出的建议参与目标公司的治理。詹姆斯·A. 布里克利(James A. Brinkley)等学者发现,“抗压力型”以及“压力无法确定型”机构投资者数量的增加,与反对管理层提出的兼并提案数量的增加有确切的相关性,而与“压力敏感型”机构投资者股份数量没有关联。[1] 对于机构投资者类型的分析,以及由此产生的对参与目标公司治理行为的影响研究,为防范机构投资者在参与目标公司治理过程中从事利益冲突行为,奠定了坚实的理论基础。

第三,机构投资者参与目标公司治理权利行使方式的研究。欧美国家学者在研究机构投资者作为特定目标公司机构股东参与公司治理的问题时,也会对其权利的行使方式进行研究和探讨。这些年来,学者们已经对其在参与目标公司治理过程中权利的行使方式达成共识。主要包括以下几种类型。

1. 股东表决权。机构投资者对于采用股东表决权参与目标公司治理的态度发生了深刻的变化,这种变化也最能够反映其参与目标公司治理行为模式的转变。20 世纪 80 年代以前,机构投资者受持股数量、比例以及法律规范等多重限制,参与目标公司治理的态度并不积极。因此,它们一般不会通过表决权的直接行使表达自己的治理意见。它们经常会接受公司管理层提出的委托表决权请求,将表决权授予公司管理层行使,也通常会采用在二级市场出售股票的方式,表达对目标公司管理层的不满,即所谓的“用脚投票”。机构投资者从消极的“用脚投票”转变为积极行使投票权的“用手投票”,标志着其参与目标公司治理态度的转变。它们开始亲自并且认真地行使表决权,有时甚至开始依靠表决权征集制度,与公司管理层争夺委托投票权,改善甚至按照自己的想法改善目标公司的治理现状,例如,美国洛克希德公司的年度股东大会上,一位个人股东试图通过征集代理投票权获取公司控制权却失败了,最终在机

---

[1] James P. Walsh & Arthur P. Brief, *The Academy of Management Annals*, Taylor & Francis Group, 2008, p. 22.

构投资者的积极参与下,公司管理层审慎地考虑了他们的请求。[1] 学者们对机构投资者表决权关注的重点最初表现为其行使的资格与程序。近年来的研究重点,逐渐转向关注其在权利行使的过程中是否会产生利益冲突行为,以及这些利益冲突对表决权行使的影响。[2]

2. 股东提案权。股东提案权被美国《1934 年证券交易法》视为一项股东的基本权利。对机构投资者来讲,股东提案权具有重要意义。美国证券交易监督委员会(以下简称美国证监会)同意机构投资者使用股东提案权,标志着法律规范开始放松对其参与目标公司治理的管制。股东提案,是指由股东提交的要求公司管理层实施某些具体行为的建议。通过行使股东提案权,向目标公司管理层提出提案,是欧美国家机构投资者经常使用的参与目标公司治理的方式。根据相关资料,5 家最大的养老基金在 1987 ~ 1994 年共向其所投资的目标公司提交了 266 份提案,占所有股东提案总数的 18%。[3] 学者对股东提案权通常会进行两个方面的研究:一是探讨股东提案权行使的程序以及权利行使上的限制,这些研究的缺陷在于学者不会进行自然人股东与机构股东之间的区分性研究;二是专门针对机构股东提案权的行使进行分析,主要表现为对其提案类型的关注。根据学者的考察,机构股东的提案类型一般包括改进目标公司的治理状态、维护机构股东基本权利的行使、反对管理层侵害目标公司的行为、改变不利于机构股东权利行使的规则以及督促公司履行社会责任等。近年来,学者更加热衷于对新出现的提案类型进行细化研究,比较有代表性的就是探讨股东是否可以进行董事提名及参与选举,以及限制管理层高薪酬的“高管薪酬强制投票”(say on pay)制度等。[4]

3. 股东集团诉讼。欧美国家的股东集团诉讼,是指由一个或数个代表人,

---

〔1〕 石兴林:《论机构投资者与公司控股股东的投票代理权之争》,载《商》2016 年第 30 期。

〔2〕 Simon C. Y. Wong, *How Conflicts of Interest Thwart Institutional Investor Stewardship*, Butterworths Journal of International Banking and Financial Law 2011, p. 481 - 482.

〔3〕 上海上市公司协会、上海市基金同业公会、上海市证券同业公会、中证投资者发展中心联合课题组:《上海辖区机构投资者参与上市公司治理现状、存在问题及改进建议》,载证券时报网,http://news.stcn.com/2014/0214/11169569.shtml。

〔4〕 Holly J. Gregory, *Hot Topics for the 2016 Proxy Season*, http://uk.practicallaw.thomsonreuters.com/, Aug. 10, 2020.

为了集团全体成员的利益,代表所有成员进行的诉讼。[1] 其类似我国的代表人诉讼制度。股东集团诉讼针对的主要对象为公司管理层出现的严重损害公司利益的行为。股东集团诉讼虽然在保护股东权利方面发挥了重要作用,但是在实际运行过程中,也出现了许多弊端。例如,诉讼费用过于高昂、诉讼过程过于漫长以及诉讼容易被少数人滥用或操纵。为了纠正股东集团诉讼制度在运行过程中所产生的制度偏差,美国在1995年颁布了《私人证券诉讼改革法》,对传统的股东集团诉讼规则进行了改进,主要是期望机构投资者能够挺身而出,在股东集团诉讼中担任起首席原告的重任,[2] 从而避免少数"职业原告"对股东集团诉讼的滥用,以及律师对诉讼的操纵行为。但是由于股东集团诉讼存在的先天不足,这种制度还是让大量的机构投资者望而却步。目前来讲,股东集团诉讼并不是机构投资者经常采用的参与目标公司治理的方式。

除上述所列举的具有典型特征的法律手段外,机构投资者还会经常使用一些非法律手段参与到目标公司的治理中。特别引起学者关注的是,这些非法律手段相较法律手段来说,往往取得了更为良好的治理效果。这些手段通常包括非正式影响和机构投资者的"一致行动"。机构投资者逐利的天性,使其在参与目标公司治理的过程中会十分重视投入成本与获得收益的比重。因此,当其对目标公司治理现状不满时,首先会选择与目标公司管理层进行私下沟通,表达对公司治理过程中特定事项的异议,只有当私下沟通没有达到预期的效果时,它们才会考虑将有关分歧公开化,积极行使包括投票权以及股东提案权在内的股东权利以改善目标公司的治理。这种做法,一方面,可以在一定程度上调和机构投资者与目标公司管理层之间的矛盾,避免正面冲突;另一方面,也更为重要的是,它能够降低机构投资者参与目标公司治理所消耗的成本。[3] 统计资料表明,进入20世纪90年代,机构投资者股东提案的数量趋于下降,其主要原因在于,无论是机构投资者本身还是目标公司管理层都认识到

---

〔1〕 郭雳:《美国证券集团诉讼的制度反思》,载《北大法律评论》2009年第2期。

〔2〕 汤欣:《私人诉讼与证券执法》,载《清华法学》2007年第3期。

〔3〕 Bo Gong, *Understanding Institutional Shareholder Activism a Comparative Study of the UK and China*, Routledge Taylor & Francis Group Press, 2014, p. 123.

私下沟通的重要意义,因而都在试图寻找对话方式解决分歧。[1] 但是,采用这种方式应当避免机构投资者在私下沟通的过程中,通过选择性披露的方式获取涉及目标公司的内幕信息,进而从事损害目标公司、中小股东以及利益相关方合法权益的行为。

而采取"一致行动"的方式,则显得更为重要。在欧美国家,机构投资者持有上市公司的股票数量虽然在整个资本市场的比例已经超过半数,但是由于法律规范对单一机构投资者持股目标公司比例的限制,很多机构投资者作为特定目标公司机构股东仍未能取得单一一家目标公司的控制权。例如,保险基金在任何一家公司所持股票不能超过公司股票总值的5%,养老基金会和互助基金会不能超过10%,否则,将面临不利的纳税待遇。[2] 鉴于这样的局面,同一家目标公司的机构股东经常会采用"一致行动"的方式,提高其在公司治理过程中的话语权。例如,1990年,美国加州公共雇员退休系统(CalPERS)联合了其他几个较大的公共养老基金共同向通用汽车的董事会发函,要求该公司董事会对其主席的继任候选人的确定程序加以解释。1993年,美国大学教师退休权益基金号召20家大型养老基金,在投票选举中反对柯达公司的3名董事等。[3] 相关调查资料显示,机构股东联盟通常会包括2~6家机构投资者,其持股数量会达到目标公司的20%~40%。此外,也有学者通过研究发现,只有机构股东与其他股东"一致行动",才有可能突破"搭便车"理论对其参与公司治理行为的桎梏。[4] 尽管,学者不断强调机构股东"一致行动"对其参与目标公司治理的重要作用,但是这种行为对目标公司及中小股东的负面作用却不容忽视。因此,近年来的欧美国家立法,也在不断强调对机构股东与其他股东的"一致行动"应给予严格的法律限制,尤其在适用条件上应予以明确

---

〔1〕 翁洪波:《中国上市公司机构投资者的股东积极主义行为研究》,厦门大学2008年博士学位论文,第26页。

〔2〕 王天习:《公司治理与独立董事研究》,中国法制出版社2005年版,第55页。

〔3〕 封丽萍:《机构投资者的积极股东行为分析——从希尔斯百货董事会之争看机构投资者的作用》,载《商业经济与管理》2006年第4期。

〔4〕 Ian Ramsay et al., *Institutional Investors View on Corporate Governance*, Company and Securities Law Journal 18, 2000, p. 7.

的规定。[1] 在探讨机构股东参与公司治理的行为模式问题上,如何将法律手段与非法律手段进行结合,应当成为研究的重点。同时,如何规范机构投资者权利行使的边界,也是必须加以考量的重要内容。

第四,机构投资者参与目标公司治理效率的实证研究。公司各项治理机制能否发挥作用,主要体现在是否切实地解决了在公司治理过程中利益相关者之间的利益冲突。同样,作为一种公司内部治理机制,机构投资者对目标公司治理的参与,是否真正有助于公司治理效率的提升,学者也给予了足够的关注。西方学者采用了大量实证学的研究方法,通过采集的数据进行分析、判断、证明各自的推断。这种从规范到实证的法学研究范式的转变,表现出西方法学研究方法的革新。法学家从对理论的关注,逐渐转变为对法律制度真实运作情况的关心。学者更为关心在法律制度规范体系相对完备的状态下,哪些因素会影响其良好运转,并基于此种分析提出更为合理的解决方案。

在对机构投资者参与公司治理的实证研究过程中,一部分学者发现,与个人投资者相比,作为特定目标公司机构股东的机构投资者更能从参与目标公司治理的活动中获得丰厚的回报。迈克尔·史密斯(Michael Smith)的分析表明,以养老基金为代表的机构投资者在参与目标公司治理后,公司治理效率有了显著的提升。相应地,机构投资者本身也获得了财富的增长。美国加州公共雇员退休系统在1987~1993年参与公司治理的成本为350万美元,而获利竟达到了1900万美元,收益甚丰。[2] 这无疑也为前述理论中,与个人投资者相比机构投资者会通过获利,获得更强的参与目标公司治理的动力,从而积极投身目标公司治理提供了丰富的现实依据。英国学者马克·贝克特(Marco Becht)也作过类似的探讨,他通过对相关机构投资者的信件、公开表述、电话记录、客户出具的报告进行的一系列研究,发现股东收益的增加或减少与机构投资者参与公司治理行为的积极程度有较为明显的正比关系。[3] 与上述的研究

---

〔1〕 FRC, *The UK Stewardship Code*, The Financial Reporting Council Limited, 2012, p. 11.

〔2〕 Michael P. Smith, *Shareholder Activism by Institutional Investors: Evidence from CalPERS*, The Journal of Finance 51, 1996, p. 227 – 252.

〔3〕 Marco Becht et al., *Returns to Shareholder Activism: Evidence from a Clinical Study of the Hermes UK Focus Fund*, The Review of Financial Studies 22, 2009, p. 3093 – 3129.

相对的是,也有一大部分学者对机构投资者参与目标公司治理的作用持否定态度。他们认为,从过去的实践经验来看,公司股票在市场上的表现,与机构投资者积极参与公司治理的行为并不存在明显的关联关系。[1] 还有的学者指出,机构投资者如果仅作为机构股东持股,以及仅作出参与者的姿态则对公司绩效没有任何意义,每年公布的股东建议书数目与公司绩效也没有相关关系。[2] 尽管他们列举的材料也颇为翔实,但是笔者仍然认为,单纯地从公司股票在资本市场中的表现以及公司市值的因素,判断机构投资者参与目标公司治理的作用既是不客观的,也是不公正的。公司股票在市场中价格的变化会受到许多因素的影响,不仅包括机构投资者对目标公司治理的积极参与一项,在机构投资者参与目标公司治理的同时,还会发生很多其他事件,这些事件可能会从根本上减损其参与目标公司治理带来的良好效应,这些也是应当注意的问题。无法否认的是,学者所做的这些研究还是具有积极意义的,能够让相关人员更加真实地了解机构投资者参与公司治理的实践运作状态,清楚地认识到哪些事项是可以通过法律制度的优化与完善发挥积极引导作用的,而哪些问题是不能够单纯地通过法律层面的手段加以解决的。

(二)国内的研究现状

目前我国学者对机构投资者进行研究的成果数量颇为可观。[3] 从学科角度观察,一方面,在对机构投资者研究的相关问题中有大量的经济学研究专著与文章,因此对机构投资者所进行的研究中,交叉学科研究基础相当丰厚;[4] 另一方面,法学本身对机构投资者,尤其是机构投资者成为上市公司机构股东

[1] John Pound, *Proxy Contests and the Efficiency of Shareholder Oversight*, Journal of Financial Economics 20,1988,p. 237 - 265.

[2] 赵敏:《机构股东、公司治理与治理效率研究》,暨南大学出版社 2017 年版,第 62 页。

[3] 通过搜索中国知网数据库,以主题关键词为"机构投资者"的文献数量,1965 年至今总计达到了 47,766 篇。

[4] 在 47,766 篇搜索结果中,以经济学研究成果居多,其中排名第一的为金融类研究成果(29,870 篇),排名第二的为投资类研究成果(25,313 篇),均属于经济学类目。

后,参与目标公司治理相关问题的研究还不够深入。[1] 就目前国内的研究成果来看,主要集中在以下几个方面:

第一,介绍和评论发达国家机构投资者参与目标公司治理现状以及对法律手段的研究。近年来,中国资本市场的迅速发展,以及在此基础上形成的机构投资者的迅猛发展,使国内学术界对发达国家投资者机构化以及机构投资者参与公司治理的问题产生了浓厚的兴趣。许多学者对发达国家机构投资者对目标公司的治理态度转变的现状及机构投资者参与目标公司治理的路径与方式等进行了相关的介绍并予以评述。相关资料显示,在世界银行对 49 个国家机构投资者参与目标公司治理程度的调查中,英国机构投资者参与目标公司治理的程度以及法律规范的完善程度居于各国首位,其有很多成功的经验,供各国法律规范在完善、修改时予以借鉴,例如,针对高管薪酬强制投票的制度就是从英国公司法开始的,其后,被诸如美国等国家公司法律规范所仿效。在保护机构投资者权利行使的同时,英国也为机构投资者参与目标公司治理设计了完整的义务体系,要求机构投资者在参与治理的过程中必须履行相应的尽责义务,其制定的《尽责管理守则》(Stewardship Code)成为许多国家和地区的立法范本。在这样的背景下,也有一些学者开始对英国的成功经验进行介绍,留英博士龚博就是以英国与中国的机构投资者参与公司治理的比较研究为题,撰写了她的博士论文《中英机构投资者行动主义比较研究》。在该著作中,她对英国机构投资者积极参与公司治理的促进因素、现阶段的发展状况以及参与目标公司治理的法律手段进行了详尽的介绍,并在此基础上对中国机构投资者如何能够在特殊的股权结构下发挥积极作用、改善目标公司治理、提升公司治理效率进行了详尽的分析。[2]

第二,监管机构发布的机构投资者发展状况及其参与公司治理的研究报

---

〔1〕 搜索中国知网数据库,以主题关键词为“机构投资者与公司治理”的文献数量,1995 年至今总计达到 4951 篇,其中排名第一的为企业经济类研究成果,总数为 2673 篇,属经济学类目。法学类研究成果共计 467 篇。其中,经济法 416 篇,法理、法史 24 篇,国际法 10 篇,诉讼法与司法制度 8 篇,行政法及地方法制 5 篇,民商法 4 篇。

〔2〕 Bo Gong, *Understanding Institutional Shareholder Activism a Comparative Study of the UK and China*, Routledge Taylor & Francis Group Press, 2014.

告。值得强调的是,不仅学者开始对发达国家机构投资者参与公司治理的问题给予了强烈的关注,而且受中国证监会直接领导的上海证券交易所、深圳证券交易所也进行了有关机构投资者发展状况、机构投资者投资行为及其参与目标公司治理的研究,并在2006年、2012年和2015年分别发表了《机构投资者发展战略研究》《中国公司治理报告(2012):投资者行为与公司治理》《大力推进机构投资者参与上市公司治理》3份研究报告。这些研究报告,以翔实的数据展示了我国机构投资者的发展状况及其成为上市公司股东后参与公司治理的水平。通过这3份报告我们可以看到,在"超常规发展机构投资者"精神的引领下,机构投资者的发展水平已经有了极大的提高。然而,与这种发展水平不相适应的是机构投资者对目标公司治理的参与程度。在一般投资者均热衷于"炒短"的资本市场环境中,机构投资者也变得随波逐流,短线交易频发,机构投资者俨然已经成为一个大"散户"。调查资料显示,以证券投资基金、保险基金、合格境外投资者(Qualified Foreign Institutional Investor,QFII)、社保基金为代表的机构投资者平均的持股期限分别为94.7天、96.6天、92.0天和118.0天,它们对积极参与并改善上市公司的治理无动于衷,而是在意股票交易价格和成交数量的短期变化。[1] 因此,笔者认为,为了促进机构投资者积极参与目标公司治理,减轻两大委托—代理问题以及传统公司治理机制失灵问题给我国上市公司治理水平提升造成的阻碍,我国应当大力优化上市公司的股权结构模式,完善机构投资者参与上市公司治理的法律环境。一方面,这样能够破除机构投资者参与公司治理的股权制度障碍;另一方面,优化的权利体系以及完整的义务规则也能够促使机构投资者积极参与对目标公司的治理。上海证券交易所和深圳证券交易所的研究报告说明,监管层已经注意到机构投资者迅猛发展的态势,并希望机构投资者能够以积极的态度参与公司治理,提高中国公司的治理水平。

(三)对国内外现有研究成果的总体评述

在机构投资者积极参与目标公司治理、提升目标公司治理效率思潮的影

〔1〕 吴新春主编:《大力推进机构投资者参与上市公司治理》,上海证券交易所2015年版,第19页。

响下,国外已经积累了许多研究成果。但近年来,西方学者的研究发生了一些重大的转变。首先,表现为研究方法的转变。英美国家学者对机构投资者参与目标公司治理的研究,更多地从法学研究的视角转向经济学的探讨,即使是法学类的文章,也会偏向于法经济学的研究方法。经济学中数据采集、模型搭建等研究方法,越来越多应用于对机构投资者参与公司治理的研究中,尤其是在探讨是否会为公司治理带来更加积极的效果时,更是对收集的大量数据进行实证分析。其次,表现为研究视角的转变。他们由最初着力探讨机构投资者参与公司治理的动因、研究其使用的法律手段等重大的理论问题以及制度的建设问题,逐渐转向关注新的机构投资者类型。例如,对对冲基金的研究及机构投资者参与公司治理如何在解决实际问题中发挥作用;又如,对高管薪酬的规范。简言之,这种转变是关注"小问题"而非"大理论",是着眼于"怎么办"而非"为什么"。2008 年金融危机后,这种趋势表现得更为明显,有一些学者开始探讨,机构投资者参与公司治理,是否可以在抑制大规模的金融危机中发挥积极作用这一命题。[1] 这种转变,充分展现了公司法强大的实践性特征。

国内学界对机构投资者及其参与公司治理的研究,既包括对发达国家相关问题的介绍与分析,也有监管层基于现实数据的收集与发布,相对来说体系较为完整。但是,法学学科的研究成果有待在如下方面进行完善:

第一,研究视野可以拓展。现有的关于机构投资者的法学研究,尚停留在法律规范制度的技术层面,大多是对机构投资者本身作为营利性主体的权利义务的探讨,例如,对机构投资者在投资过程中承担信义义务的研究。相较之下,研究成果中缺乏对机构投资者参与公司治理的关注。机构投资者本身作为营利性的金融中介机构,法律构造和运作机制固然重要,但若对其作为上市公司股东应当在公司治理中发挥的积极作用缺乏深入的理解,那么机构投资者为机构资产委托人赚取利润、保护委托人合法权益的目的也将无法实现,机构投资者本身的法律构造、运作机制的规范将无法发挥应有的作用。诚如主

---

〔1〕 Aidan O'Dwyer, *Corporate Governance after the Financial Crisis: The Role of Shareholders in Monitioring the Activities of the Board*, https://www.abdn.ac.uk/, Jan. 20, 2017.

流媒体所言:“面对具有合法资金来源的机构投资者,当其对上市公司的收购行为并未有违规之处,而作为监管机构,又通过何种法律途径能够规制其成为上市公司股东后的行为,使其成为‘负责任’的机构股东,才是监管所应考虑的重要问题”。[1] 因此,如何在既有的研究基础上,加深机构投资者参与目标公司治理的研究,是当下法学研究必须面对和解决的问题。

第二,研究方法可以丰富。研究方法既是一种研究工具,又是一种达于目的的途径。作为一种研究工具,方法帮助人们对对象细缕条析,察其玄妙,洞其真髓。作为一种达于目的的途径,方法引导人们在山重水复、重峦叠嶂、荆棘丛生中走向目的地。[2] 就国内目前对机构投资者参与目标公司治理的研究而言,还存在对研究方法重要性认识不足的缺陷,研究方法运用单一。从对文献的分析中可以看出,目前国内学者主要采用规范分析法学的方法,着重进行逻辑和语义分析,一些研究是对既有的法律规范进行解释。机构投资者对目标公司治理的参与,是极具现实性的法学研究领域,这就要求我们在进行相关的学术探讨时,不仅需要采用规范分析法学的方法来分析相应的问题,也要通过实证分析的方法,检验既有的法律制度规范是否发挥了应有的作用,使公司法的制度性选题更加“接地气”。

第三,研究成果应当以解决本土化的问题为主导。通过前文的分析可以看出,在我国现阶段的研究成果中,对发达国家机构投资者参与目标公司治理的介绍与评析占据了研究成果的大部分比重。但是,如果研究背离了我国机构投资者产生、发展的历史背景及其参与公司治理所处的独特的制度环境,不但不能使我国机构投资者参与公司治理的相关研究形成逻辑自洽的体系化结构,反而会造成研究成果与本国司法实践无法相互适应的状态。

在我国,机构投资者的发展刚刚起步,尤其在参与目标公司治理的问题上还处于摸索阶段,因此,我们现在研究的主要任务,还在于追本溯源,理清脉络,夯实根基,为机构投资者进一步发展及提高其参与目标公司治理的水平奠

---

[1] 《证监会主席喊话“野蛮人”,怒斥这样不可以!》,载新浪财经网,https://www.sohu.com/a/120608176_465598,2017 年 1 月 2 日最后访问。

[2] 高兆明:《伦理学理论与方法》,人民出版社 2005 年版,第 147 页。

定基础。

三、研究的基本框架

(一)研究思路

本书的研究思路可以概括为“一个主题、两个范畴”。一个主题是,探讨中国参与目标公司治理的现状以及未来的立法完善。本书坚持理论证明与制度完善并重,理论证明是制度完善的基础,在未来形成更加完善的法律制度是理论证明的根本目的。“两个范畴”则主要是对机构投资者与公司治理的阐释。具体内容如下:

第一,机构投资者。机构投资者概念所涵摄的范围极为广泛,其主要是指专门投资于证券业,并积极管理证券投资组合的金融性中介机构。[1] 比较常见的机构投资者包括证券投资基金、保险基金、养老基金、社保基金等。这些专业的代客理财型金融中介机构,通过资本市场的股票交易活动,成为某一目标公司的股东后,它们便从普通的机构投资者转变为特定目标公司的机构股东。然而,在目前的研究以及法律规范中,并没有对机构股东这一概念进行明确界定,而是采用了机构投资者的称谓,2018 年修订的《上市公司治理准则》亦是如此。可以这样认为,机构股东是机构投资者作为中介型投资主体的一种表现形式。用数学语言表达,机构股东是机构投资者的一个子集。[2] 在特定的机构投资者成为目标公司的机构股东后,即享有行使《公司法》所赋予的相关股东权利的法律资格,而行使股东权利是参与公司治理的重要手段。然而,机构投资者对这些权利是否积极地行使,却经历了“用脚投票”到“用手投票”的转变,西方学者也称其为“机构股东的积极主义”。机构投资者积极参与目标公司治理是资本市场日益发展壮大,投资者机构化语境下新的潮流、新的趋势。基于行使股东权利主体的特殊性及其在参与治理过程中出现的新的法律

---

〔1〕 [美]约翰·伊特韦尔、[美]纽曼·米尔盖特:《新帕尔格雷夫货币金融大辞典》,胡坚等译,经济科学出版社 2000 年版,第 167 页。

〔2〕 王秀华:《机构投资者持股的公司治理效应研究——基于股权制衡视角》,企业管理出版社 2011 年版,第 12 页。

问题,我们应当完善原有的法律规范,针对新的问题确立新的权利义务体系,对机构投资者参与公司治理行为进行规范。

第二,公司治理。从法律规范的角度来讲,公司治理是指股东对公司管理者监督与制衡的一系列制度安排,其目的在于通过一系列法律制度的安排,保证公司管理层按照股东利益管理公司,防止管理层利益与股东利益相背离。公司治理乃是全球化的难题,其研究的重点和核心问题一直在于,如何通过各种治理机制的安排解决所有者与经营者之间因利益不一致而产生的委托—代理问题,以及在公司利益群体之间如何分配剩余索取权与剩余控制权的问题。[1] 发达国家由于上市公司股权过于分散,常常出现"内部人控制"问题,可谓"山中无老虎,猴子称大王"。安然、世通等公司暴露的公司治理丑闻不仅凸显了内部人控制这一问题的严重性,而且审计委员会、律师和会计师的诚信问题,也使"内部人控制"的规范问题变得更加复杂。在我国,内部人控制具有"狐假虎威"的特色,同时,由于股权结构的高度集中,还存在更为严重的控制股东的代理问题。针对公司的治理困境,本书的研究重点是,在我国特殊公司治理结构模式中,在传统公司治理机制发生失灵的情况下,如何发挥参与公司治理的作用。机构投资者参与目标公司的治理,并不是要否定原有其他治理机制,而是作为一种有效的制度补充,弥补其他制度在运行过程中产生的缺陷,与其他公司治理机制协同,共同落实公司控制股东及高管责任,提高公司治理效率。

(二)研究框架

本书是在确定两个基本范畴的前提下,按照一个主题的写作思路进行论述与分析,全书共分五章。

第一章论述了机构投资者的兴起与发展。这一章开宗明义地对机构投资者的概念进行了分析,认为机构投资者是代客理财型的金融性中介机构,而机构股东则是机构投资者作为中介型金融机构在证券市场从事交易活动的具体表现形式,可以用数学的语言加以说明,即机构股东是机构投资者的子集。虽

[1] 赵忠龙:《论公司治理的概念与实现》,载《法学家》2013 年第 3 期。

然相较机构投资者,机构股东概念所涵摄的范围较小,但是其作为金融中介机构的属性未发生改变,且因其所具有的目标公司的股东地位而产生了双重的义务体系。笔者对我国现有的包括证券投资者基金、养老基金、保险基金、合格境外投资者在内的所有典型的机构投资者的发展历史进行了回顾与总结。本章内容使读者更加清晰地了解机构投资者的概念内涵,以及在现有的法律规范内是如何调整它们的投资管理行为的。

第二章论述了机构投资者参与公司治理的效用。近年来,由于我国资本市场的勃兴,加之"超常规发展机构投资者"精神的指引,我国机构投资者发展迅猛,以证券投资基金、保险基金、养老基金等为代表的机构投资者强势崛起,它们在目标公司持股数量及持股份额的不断增长,为其参与目标公司治理奠定了基础。从2002年开始至今,几乎每年都要发生1~2起机构投资者积极参与目标公司治理的典型案例。本章对我国机构投资者参与公司治理的效用需求进行了探讨。笔者认为,基于路径依赖的因素,各国公司治理结构模式存在差异,而我国基于特殊的公司治理变迁过程,形成了独具特色的中国公司治理结构模式。这部分论述贯穿始终的核心观点在于,机构投资者参与目标公司的治理,不是否认其他治理机制的作用,而是对其他治理机制起到良好的补充作用。这些机制相互配合,能够共同提升公司的治理水平及治理效率。

第三章描述了机构投资者参与公司治理的动因和制约因素。通过对域外机构投资者参与公司治理行为模式转化过程的分析,我们可以发现机构股东参与目标公司治理的行为模式极大地受到"搭便车"理论的影响,他们必须依靠持股比例数量的增长以及法律规范的鼓舞,才有可能积极投身公司治理。

第四章讨论了机构投资者参与公司治理权利的优化问题。机构投资者提升公司治理效率,主要依靠股东权利的行使。然而,法律规范在对股东权利进行规范调整时,未对行使权利的股东进行类型化的区分,并且未考虑诸如持股数量等因素对股东行权的影响,造成了机构投资者参与目标公司治理过程中行权不畅的问题,影响了它们参与公司治理的积极性。在这部分论述中,笔者对域外机构投资者参与目标公司治理经常使用的法律手段进行分析,同时以我国《公司法》及其他相关法律规范中规定的股东权利类型为基础,着重论述当权利行使的主体由一般个人股东转变为机构投资者时,法律规范应当降低行权的主体资格要求,简化相关的行权程序,从而发挥权利本身的设定功能。

第五章阐述了机构投资者参与公司治理义务体系的确立问题。在优化机构投资者参与公司治理的法律权利的同时,必须确立与之相适应的义务规范体系,力求达到权利与义务的统一。前文已经分析,目前我国学者对机构投资者积极参与公司治理的研究缺乏体系化的思维,只注重权利层面的查缺补漏,忽视了义务体系的确立。而目前我国部分机构投资者在参与目标公司治理时,滥用法律赋予的股东权利,侵害目标公司、中小股东以及其他利益相关方的合法权益的事件并不鲜见。近年来,私募基金泽熙资本、宝能系的保险基金与恒大人寿的投资管理行为屡遭非议也是基于上述原因。因此,本书的最后一章在考察其他国家完善的法律规范的基础上,提议应当确立适合我国机构股东实际发展状况的尽责管理义务体系,以便维护目标公司、其他股东以及利益相关方的合法权益。

四、研究方法

机构投资者作为特定目标公司的机构股东参与公司治理的法律问题具有明显的制度型选题的特征,因此,本书采用了应用于制度型选题的法学研究方法,同时基于该问题的极强的现实性特征,也采用了其他研究方法。主要包括如下研究方法。

(一)法解释学的研究方法

法解释学的研究方法主要侧重于如何正确地阐述法律规范的科学含义,在确定规则之后如何阐述规则,实现所谓的法律规范与案件事实的结合。[1]本书的选题属于制度型选题,因此法解释学的研究方法是必须应用的基本研究手段之一。机构投资者参与目标公司治理的法律手段,主要源于现行法律规定的股东权利。因此,本书第四章对机构股东参与公司治理股东权利优化进行的分析,主要采用了法解释学的研究方法。通过该种方法,对现有的法律

---

〔1〕 王利明:《论法律解释学》,载《中国法学教育研究》2010 年第 1 期。

规范进行分析，确定机构投资者参与公司治理时，应当采用何种股东权利才能够最有效地维护自身的合法利益，提升公司治理效率。但是，采用这种方法的主要目的还在于，“对现行法律、判例进行整理，对现行法状态作批判、检讨，提出应有法的建议，这也是学说解释的重要特征”。[1]

(二)法社会学的方法

法社会学的方法要关注法律与社会的互动关系，特别是要揭示法律的实施情况，其核心问题是“现实中的法律是什么”。[2] 具体到本书的研究，笔者利用 Wind 的数据平台，通过对机构投资者参与公司治理的相关数据的展示与分析，明晰其参与公司治理的行为模式会受到哪些因素的影响，同时还选取了机构投资者参与公司治理的许多典型案例，展示了目前我国机构投资者参与公司治理相对客观的真实状态，分析了它们所面临的制度困境，从而为进一步探讨机构股东参与公司治理的法律制度规范的优化奠定基础。

(三)历史的研究方法

历史的研究方法，是指采用考订、训诂等方法研究历史上的法律和法律制度。[3] 这也是法学研究的常用方法。对于制度型的选题，这种研究方法是一种辅助性的研究手段，其目的主要在于深入探究某种法律制度建构的历史根源，研究制度的产生、发展以及最终的演变趋势。具体到本书的研究中，在如下两个方面使用该种研究方法。第一，分析发达资本市场机构投资者作为特定目标公司的机构股东由“用脚投票”到积极参与公司治理的历史变化。第二，对中国特有的股权结构以及由此形成的公司治理结构模式的产生原因进行分析。中国上市公司有特殊的股权结构，控制股东往往具有绝对的控股地位。因此，中国上市公司所面临的治理问题，以及机构投资者参与目标公司治理所面对的股权环境，也与其他国家有明显区别。这种股权结构产生的根源为何，以及在这种股权结构的制约下，机构投资者应当如何更好地发挥作用，也是必须考虑的问题。基于以上考量，历史的研究方法应当得到有效的使用。

---

[1] 梁慧星：《法解释方法论的基本问题》，载《中外法学》1993 年第 1 期。

[2] 黄辉：《法学实证研究方法及其在中国的运用》，载《法学研究》2013 年第 6 期。

[3] 梁慧星：《法学学位论文写作方法》(第 2 版)，法律出版社 2012 年版，第 84 页。

第一章　机构投资者的兴起与发展

一、机构投资者的概念与法律特征

（一）机构投资者的概念

一般来讲，对概念进行定义可以分为内涵性的定义以及描述性的定义两种方式。对于内涵性定义的概念，亚里士多德认为："定义是表明事物本质的短语。"所谓"本质"，是指事物的根本属性，定义则是对一个词的意义的精确陈述。[1] 法律词语的内涵性定义则通过种差加属的方式，反映事物的本质属性，对机构投资者的内涵性定义亦应反映这一特征。对机构投资者内涵的认知应当包括如下两个方面的内容。首先，应当意识到，机构投资者是相对个人投资者而存在的，因为"institutional"（公共机构的）本身就是相对"individual"（个人）而言的。无论是养老基金、保险基金还是德国、日本的全能银行都体现了团体性和机构性。其次，"institutional"还暗含了制度的含义，体现了机构投资者的存在要受到制度的约束，无论是机构投资者的内部运营还是外部的投资行为都应当受到许多正式和非正式制度的约束。[2] 这也是机构投资者从产生到发展的过程中展现不同的形态，同时法律规范也要不断对其进行调整的重要原因所在。

《英汉证券投资词典》对机构投资者的定义比较符合内涵性的定义方式，其认为，广义的机构投资者应当指："证券市场上进行投资的法人机构，指银行、信托机构、互惠基金、退休基金等金融资产管理机构，它们多进行大宗交

---

〔1〕 苗力田主编：《亚里士多德全集》（第1卷），中国人民大学出版社1990年版，第440页。

〔2〕 孙玲：《美国机构投资者发展的实证研究》，湖北长江出版集团、湖北人民出版社2011年版，第22页。

易,旨在减低交易费用并享受更多的服务。"[1]这一定义方式将工商企业和金融中介机构全部囊括了进来。按照内涵性的定义方式,还有学者对机构投资者进行狭义的解释,例如,《新帕尔格雷夫货币金融大辞典》认为:"机构投资者仅包括专门投资于证券业并积极管理证券投资组合的金融中介机构。"[2]对机构投资者进行狭义解释的主要特征在于将机构投资者限定在金融性中介机构这一层次,它们以追求机构资产委托人利益最大化为目标,而不是以控制权和支配权为目的。[3] 然而,这种内涵性定义方式的缺陷在于,在现实生活中机构投资者并不同质,它们不是一个有共同性质的单独群体。由于法律规定的不同,即使是同一类机构投资者,在每个国家所经营的业务范围也会有很大的不同,因此,以这种完全试图通过寻找同质性的方式对机构投资者进行定义可能会失之偏颇,导致人们不能准确认识和理解机构投资者的含义。

与内涵性的定义方式相对的是描述性的定义方式。这种定义是指对事项或内容的列举性规定,将概念所包含的外延尽可能地全面揭示出来。[4] 伯恩·魏德士认为:"通常使用描述性定义的目的都在于应付现实的复杂性。描述性概念是语言的工具。它描述并定义不同类型的生活事实,并因此为人们所认识和理解。"[5]因此,描述性的定义方式似乎更加适合具有不同性质、表现形式更为丰富的机构投资者。例如,《布莱克法律词典》开宗明义地把机构投资者定义为:"大的投资者,例如共同基金、养老基金、保险公司以及用他人的钱进行投资的机构等。"这种定义方式使人们对机构投资者有了清晰、直观的认识。在我国相关法律规范中,也采用了列举的方式间接地阐明了机构投资者的含义。《国务院关于进一步促进资本市场健康发展的若干意见》规定,应壮大包括商业保险资金、证券投资基金以及境外长期资金在内的专业机构投资者,基本囊括了我国目前存在的所有机构投资者类型。

---

〔1〕 马惠明编:《英汉证券投资词典》,商务印书馆 2007 年版,第 325 页。

〔2〕 [英]约翰·伊特韦尔、[美]纽曼、米尔盖特:《新帕尔格雷夫货币金融大辞典》(第 2 卷),胡坚等译,经济科学出版社 2000 年版,第 414 页。

〔3〕 王秀华:《机构投资者持股的公司治理效应研究——基于股权制衡视角》,企业管理出版社 2011 年版,第 12 页。

〔4〕 汪全胜、张鹏:《法律文本中"定义条款"的设置论析》,载《东方法学》2013 年第 2 期。

〔5〕 [德]伯恩·魏德士:《法理学》,丁晓春、吴越译,法律出版社 2013 年版,第 88 页。

(二)机构投资者的法律特征

根据对机构投资者进行的内涵性定义与描述性定义,机构投资者应当包括如下两种法律特征:

第一,机构投资者的本质是金融性中介机构在证券市场的特殊表现形式。有学者认为,近年来世界范围内公司法发生重大变革的原因之一是风起云涌的投资者革命,而投资者革命的表现形式即投资者类型的更新,机构投资者在资本市场上的持股份额不断增长,超越个人投资者成为资本市场的主导力量。[1] 当机构投资者购买特定目标公司的股份后,便发生了由资本市场上的投资者向特定目标公司股东身份的转变,即所谓的"机构股东"。虽然机构投资者因投资行为发生了主体身份的转变,但是其所具有的为机构资产委托人谋利的终极目标并没有发生变化。与特定目标公司中的个人股东相比,其所具有的公众性质的机构属性没有发生变化。正是基于这一法律特征,与一般的个人股东相比,机构投资者在参与其所投资的目标公司的治理中具有强大的优势。例如,机构投资者雇佣包括经济、法律等方面的专家来完成机构投资的各项活动,获取信息的渠道较多,再加上投资领域的专家进行专职投资管理和运作,规模经济的优势更容易发挥,因此对目标公司治理的参与也更为全面。以对冲基金为例,基金的管理人不仅可以拥有其所管理的基金的份额,而且可以根据基金表现获得很高的薪酬,因此,基金管理人会以更大的热情投身于公司的治理中,从而提升基金的业绩,获得丰厚的激励提成。[2]

第二,机构投资者因其具有的目标公司股东地位而产生双重信义义务法律关系。在证券投资过程中,机构投资者在资本市场上所具有的投资者地位和上市公司中的机构股东地位发生交叉。股东概念表征的是公司的所有者地位,而投资者概念表征的是资本市场的交易主体地位。[3] 这一双重的法律地

---

〔1〕 冯果、李安安:《投资者革命、股东积极主义与公司法的结构性变革》,载《法律科学(西北政法大学学报)》2012 年第 2 期。

〔2〕 Brian R. Cheffins & John Armour, *The Past, Present, and Future of Shareholder Activism by Hedge Funds*, Journal of Corporation Law 38, 2011, p. 75.

〔3〕 冯果、李安安:《金融创新视域下公司治理理论的法律重释》,载《法制与社会发展》2013 年第 6 期。

位,也使机构投资者需履行双重的信义义务。一方面,机构投资者作为为机构资产委托人谋利的金融性中介机构,需要接受委托人的委托,以自身的专业知识和技能管理委托人的资产并为委托人谋取利益。在这一过程中,机构投资者作为机构资产受托人与委托人形成了信义义务法律关系,并应当履行基于委托与受托关系产生的信义义务。另一方面,在其成为目标公司的机构股东后,也会因其居于股东地位而对目标公司及其他中小股东产生股东受信义务。因此,如何设计法律规则落实机构投资者在公司治理中的双重义务也是值得思考的重要问题。

(三)机构投资者与机构股东

从广义上来讲,机构投资者是一个与个人投资者相对的大的概念,等同于法人投资者。但是,从目前资本市场的发展现状来看,对机构投资者的认识多采狭义之义,认为机构投资者是指代客理财型的金融性中介机构。其在各类投资者中聚集资金后,从事包括股票以及债券在内的交易活动,帮助投资者实现利益的最大化,主要包括证券投资基金、保险基金、养老基金等。当机构投资者在证券市场从事股票交易行为时,其身份就会发生转变,成为所投资目标公司的股东。因此,可以认为机构股东是机构投资者作为中介型投资主体的一种表现形式。有学者用数学语言形象地说明了二者的关系:"如果把机构投资者视为一个全集,那么机构股东则更加趋向于类似机构投资者的一个子集。"由于本书的研究对象为作为目标公司机构股东的机构投资者参与公司治理的相关问题,因此,在书中亦会采用机构股东的表达方式,以满足研究对象的情景需求。

二、中国机构投资者的兴起及发展

中国资本市场中典型的机构投资者类型包括证券投资基金、养老基金、保险基金等。它们总体的发展轨迹大致可以分为四个阶段:1990~1996 年的内资散户时代,1996~2000 年的内资机构投资者投机时代,2001~2005 年的内、外资机构投资者多元化起步时代,以及 2005 年以后内、外资机构投资者发展的多元化时代。[1] 根据这一划分方法,从沪深两市成立到20世纪90年代中期,是我国机构投资者发展的萌芽阶段,这一阶段的机构投资者基本不能参与所投资目标公司的治理,甚至都不能称为真正意义上的机构投资者,其原因在于,他们在投资上市公司的理念、资金运作的方式以及风险管理等方面均不符合现代机构投资者的特征,机构投资者如何行使目标公司股东权利的法律规范也甚为匮乏。1997年,证监会颁布的《证券投资基金管理暂行办法》(已失效)开始规范证券投资基金的运作。1998年,金泰基金和开元基金正式发行上市,标志着我国以证券投资基金为代表的、规范发展的机构投资者正式登上我国资本市场的舞台。[2] 1999年,保监会颁布了《保险公司投资证券投资基金管理暂行办法》,允许保险资金入市开展证券交易,保险基金作为机构投资者,开始具有适格机构股东的地位。2000年,证监会提出"推进我国证券市场发展的重要政策手段,是要超常规、创造性地培育和发展机构投资者"[3]这一"超常规发展机构投资者"的理念。此后,伴随一系列促进和发展机构投资者法律法规和政策的出台,社保基金、合格境外投资者、企业年金等典型的机构投资者纷纷登上我国资本市场的舞台。统计数据表明,在A股市场,个人投资者持股的数值比例呈现不断下降的趋势,自2015年的25.18%下降至2017年的21.17%。[4] 截至2019年第一季度末,公募基金(含基金专户)合计持有A股总市值1.95万亿元,占A股总市值的比例为3.19%,占流通市值比例为4.3%。外资机构流通股持股市值达1.62万亿元,持股占比达3.6%。保险资金2019年第一季度持有A股总市值2.11万亿元,占总市值比例为3.46%,持有A股流通市值1.58万亿元,占流通市值比例为3.5%。其他专业机构合计

---

[1] 吴晓求:《资金结构与投资者结构战略调整:从纯内资市场到内外资并重市场》,载《上海证券报》2007年3月7日,A12版。

[2] 王怀明、史晓明:《控股股东、治理环境与机构投资者的公司治理效应》,载《南京农业大学学报(社会科学版)》2010年第1期。

[3] 孙杰、张旭东:《证监会将超常规发展机构投资者》,载《新华每日电讯》2001年3月26日,第2版。

[4] 川财证券:《A股投资者结构分析》,载东方财富证券研究所,http://pdf.dfcfw.com/pdf/H3_AP201903291311730095_1.pdf。

持有A股流通市值1.71万亿元，占流通市值的3.8%。[1]（见图1-1）

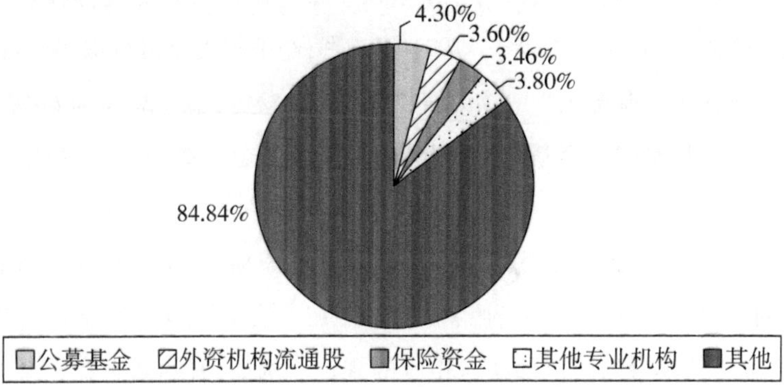

图1-1　A股机构投资者持股市值比例（截至2019年第一季度末）

（一）证券投资基金

1. 证券投资基金的法律构造

根据我国1997年颁布的《证券投资基金管理暂行办法》（已失效）第2条对证券投资基金的定义，证券投资基金是指："一种利益共享、风险共担的集合证券投资方式，即通过发行基金单位，集中投资者的资金，由基金托管人托管，由基金管理人管理和运用资金，从事股票、债券等金融工具投资。"上述定义符合证券投资基金作为金融性中介机构的特征。根据2012年修订的《证券投资基金法》第2条的规定，在证券投资基金的法律构造模式中，基金持有人为基金法律关系的委托人兼受益人，其将资金移转托管人并委托托管人代为保管，同时委托管理人对资金管理和运营。基金管理人和基金托管人为共同受托人，在各自职责范围内共同承担受人之托，承担代人理财的重任。[2] 目前，在我国已经形成了完整的，包括公开募集资金设立证券投资基金，以及非公开募集资金设立证券投资基金的两套体系。它们接受《证券投资基金法》的规范，当证券投资基金在资本市场从事股票交易时，它们有可能成为某一特定目标公司的机构股东。

[1] 《A股投资者结构一季度全景图深度剖析》，载东方财富网，http://finance.eastmoney.com/a/201905161124317538.html。

[2] 肖强：《论我国证券投资基金治理结构的缺陷及其完善》，载《法学杂志》2007年第5期。

2. 公募基金的发展历史

我国公募基金的发展可分为三个阶段。第一阶段可称为证券投资基金的早期探索阶段(1991~1997年)。1991年7月,经中国人民银行珠海分行批准,属于专项物业投资基金的"一号珠信物托"正式发售,基金规模为6930万元,它是中国设立最早的投资基金。与此同时,随着基金一级市场的发展,基金交易市场的建设也开始起步。之后,建业、金龙和宝鼎3只基金同时在上交所上市。[1] 值得注意的是,在公募基金发展的早期探索阶段,由于理论准备和制度建设上的不足,它们仅作为一种集资手段存在。法律规范中对基金管理者的行为、基金经营风险的防范都缺乏相应的规定。例如,有的基金存在基金发起人、基金经理以及基金托管人为同一公司或组织的状况,"内幕交易"、"操纵市场"与"恶意违规"行为多有发生,对资本市场的发展造成了严重的损害。

第二阶段可称为证券投资基金的快速发展阶段(1997~2001年)。随着1997年《证券投资基金管理暂行办法》(已失效)的出台,证券投资基金的发展开始接受专门法律规范的调整,与此同时,1997年之前的"老基金"也开始按照新的法律规范的要求进行清理。1998年,开元和金泰两只"新基金"按照新的监管制度要求,以20亿元的规模发行,[2] 自此,基金行业进入了快速发展的轨道。尽管如此,仍然有两个现象值得关注。首先,在这个阶段,基金不仅作为金融性中介机构存在,还承担着为政府调控股市走势的重要功能,这样的做法显然与基金存在的本质相违背。其次,由于"超常规发展机构投资者"政策的实施,许多基金为了快速发展违反法律制度规范的要求进行运作,基金行业中"对倒"和"倒仓"等违法违规操作时有发生,"基金黑幕"事件重创了中国基金行业的发展。

第三阶段称为证券投资基金的规范发展阶段(2001年至今)。在充分吸取了前两个发展阶段的经验和教训后,从2001年开始,我国基金行业进入了规范的发展阶段。2001年9月21日,首只首发规模为50亿份基金单位的开放式基

---

〔1〕《中国基金业发展历史》,载新浪财经网,http://finance.sina.com.cn/money/fund/20070607/16373671032.shtml。

〔2〕 赖智慧:《基金15年:从公募独大到群雄竞逐》,载《新财经》2013年第4期。

金——华安创新基金——设立。2001 年 10 月,《开放式证券投资基金试点办法》(已失效)颁布,证券投资基金管理制度的基本框架得到进一步完善。2002 年,基金审核制度渐进式市场化改革启动,通过此次改革,相关监管部门简化了审批程序,引入了专家评审制度,整个基金的审批程序愈加制度化、透明化、专业化和规范化。2003 年以后,政府为了进一步释放基金潜能,逐渐开始探索与国际同行的注册制接轨。[1] 正是因为前一过程中对基金市场化的改革举措落实得当,其后基金的潜能得到了最大限度释放。从 2002 年年初至 2005 年年底,中国基金业的规模实现了从 800 亿元到 5000 多亿元的突破,基金持股市值占流通股的比值从 5% 增长到近 20%。截至 2019 年 12 月 30 日,公募基金市场共有 6075 只基金,其中股票型基金的总量为 1076 只。[2] 公募基金持股总规模达到 2.11 万亿元,约占 A 股总流通市值的 4.76%。[3]

3. 私募基金的发展历史

根据证监会 2014 年颁布的《私募投资基金监督管理暂行办法》第 2 条第 1 款对私募基金的定义,私募基金指,“在中华人民共和国境内,以非公开方式向投资者募集资金设立的投资基金”。根据这一定义,私募基金与向社会大众公开募集资金发行的公募基金相对,私募基金的类型包括私募股权投资基金与私募证券投资基金。私募股权投资基金,是指投资于未上市创业企业普通股、依法可转换为普通股的优先股或者可转换债券等权益的股权投资基金。私募证券投资基金,则主要用于投资上市的证券。

我国私募基金发展的历史较短,特定的国情又决定了其发展的过程比较曲折。私募股权投资基金,最早是从设立境外法人投资基金开始的。20 世纪 90 年代初,境外设立了许多“中国某某产业投资基金”,其主要目的是投资中国境内的企业法人。1999 年《中共中央、国务院关于加强技术创新、发展高科技、实现产业化的决定》出台,为我国私募股权投资基金的发展作出了法律制度上

[1] 中国证券监督管理委员会:《中国资本市场发展报告》,中国金融出版社 2008 年版,第 65 页。

[2] 《2019 年公募基金业绩排名出炉——基金市场总回顾》,载展恒基金网,https://www.myfund.com/contents/28/51768.html,2020 年 2 月 11 日最后访问。

[3] 《公募基金三季末持有 A 股市值 2.11 万亿》,载新浪财经网,https://finance.sina.com.cn/roll/2019-10-30/doc-iicezuev5810217.shtml。

的安排。此后,国内相继成立了一批由政府主导的风险投资机构,如深圳创新投资集团以及中科招商创业投资管理有限公司等。2000 年出台的《关于建立风险投资机制的若干意见》,是我国第一个有关风险投资发展的战略性、纲领性文件,为风险投资机制的建立确立了相关的原则。但是,由于当时我国资本市场中没有建立中小企业板,基金退出渠道不够畅通,一大批投资企业因无法收回投资而倒闭。2004 年,深圳中小企业板正式启动,私募股权投资基金获得了 IPO 的退出方式。同年 6 月,美国著名的私募基金新桥资本以人民币 12.53 亿元收购深圳发展银行 17.89% 的股权,这也是国际并购基金在中国的第一起重大案例。自此,许多与其相似的私募股权投资基金投资案例接踵而来。2006 年,为了满足日渐增多的留学归国人员在创业过程中对私募股权投资的需求,全国人大常委会修订了《合伙企业法》,对有限合伙企业进行了专章规定,明确有限合伙设立的主要目的在于风险投资。有限合伙制度的确立,为私募股权投资基金的发展提供了极为有利的发展路径。相较私募股权基金,私募证券投资基金的发展历史更为短暂。2003 年 8 月,国内首只阳光私募证券投资基金云南信托——中国龙资本成立。然而,直到《证券投资基金法》2012 年修订后,私募证券投资基金才被正式纳入法律监管的范畴,行业才有了自己的正式地位。

2014 年国务院印发了《关于进一步促进资本市场健康发展的若干意见》,第一次单独对培育私募市场作出了具体的部署。该意见指出,虽然私募市场起步较慢,但是发展空间和潜力巨大,培育私募市场不仅有利于健全多层次资本市场体系,增强对新兴产业、中小微企业的服务能力等,还能够有效拓宽居民投资渠道,激发民间投资获利,提高社会资金的利用率。同时,该意见还对发展私募投资基金作了具体的专门规定。主要是:按照功能监管、适度监管的原则,完善各类私募投资产品的监管标准。依法严厉打击以私募为名的各类非法集资活动。完善扶持创业投资发展的政策体系,研究制定保险资金投资创业投资基金的相关政策等。随着国家对私募市场培育力度的加大,我国的私募基金市场取得了长足的发展。截至 2019 年 7 月初,基金业协会已登记私募证券投资基金 38,527 只,管理的资产规模为 24,061.87 亿元;私募股权基金

27,529 只,管理的资产规模为 81,974.77 亿元;创业投资基金 7154 只,管理的资产规模为 10,319.10 亿元。[1] 按正在管理运行的基金总规模划分,管理规模在 20 亿~50 亿元的私募基金管理人有 400 家,管理规模在 50 亿~100 亿元的有 138 家,管理规模在 100 亿元以上的有 131 家。私募基金的发展占有越来越重要的地位。

4. 规范证券投资基金参与目标公司治理的法律规范

根据 2015 年修正的《证券投资基金法》第 72 条之规定,基金财产可用于投资上市交易的股票,以及国务院证券监督管理机构规定的其他证券及衍生品种的投资。因此,证券投资基金作为机构投资者,具有目标公司适格机构股东的法律地位。然而,这部法律并没有考虑证券投资基金作为目标公司机构股东,如何行使股东权利,以及基于这一主体地位对目标公司、基金资产委托人及其他利益相关方应当履行的义务。1998 年发布的《关于加强证券投资基金监管有关问题的通知》(已失效)第 1 条第 3 项明确指出:"管理公司依据《暂行办法》、《基金契约》及其他有关规定,代表基金出席上市公司的股东大会,行使股东权力,履行股东义务。"该条对基金管理人作为机构股东应当出席上市公司的股东大会、行使股东权利、履行股东义务进行了规定。然而,这一规范性文件虽然没有被明文废止,但是其所依据的《证券投资基金暂行管理办法》却早已被《证券投资基金法》所取代,[2] 在新的法律规范中,也没有对证券投资基金作为目标公司机构股东权利的行使进行要求。

法律规范的缺失不利于证券投资基金作为中国最重要的机构投资者参与目标公司治理,在很多情况下,它们不仅没有发挥机构股东积极参与目标公司治理、提升公司治理效率的正向作用,反而利用其特殊的股东地位损害了目标公司、中小股东及其他利益相关方的合法权益。私募基金泽熙资本从事"内幕交易"及"市场操纵行为"便是最有代表性的案例。泽熙资本通过其旗下控制的多个私募基金,大量买入上市公司股份成为上市公司控制股东,其后,再通

[1] 《中国私募基金行业数据报告》,载中国证券投资基金业协会网,http://www.amac.org.cn/researchstatistics/report/zghybg/201909/t20190906_4127.html。

[2] 殷洁、李静:《论证券投资基金所持股份之表决权的行使》,载《北方法学》2013 年第 2 期。

过积极行使股东权利,影响上市公司决策,进而影响上市公司的股价。然而,这一系列操作的背后,实际上却是私募基金为获取自身利益进行的操控行为。以明牌珠宝(002574)为例,在泽熙资本介入明牌珠宝前,目标公司从未实施过高送转等行为,泽熙资本成为目标公司股东后,促使目标公司实施了罕见的"10 转 12"等一系列高送转行为,在此之后泽熙资本迅速抛售股份,获取高额的营利。[1] 与明牌珠宝一样,鑫科材料在泽熙资本入主后,延续了这一轨迹。2015 年,泽熙资本实际控制人徐某因通过非法手段获取股市内幕信息,从事内幕交易、操纵股票交易价格,涉嫌违法犯罪接受相关调查。泽熙资本的案例应当使我们警醒,如何规范证券投资基金参与目标公司治理行为,在提升公司治理效率的同时避免股东权利的滥用,是法律规范过程中所要解决的重要问题。

(二)养老基金

1. 发展历史

1997 年,我国根据世界银行的推荐,开始建立以社会统筹和个人账户相结合的城镇职工养老保险制度。与此同时,政府也鼓励企业补充养老保险计划的发展。2000 年 8 月,全国社会保障基金理事会成立,主要职能是解决养老保险的历史遗留问题,以及多渠道筹集社会保险基金。2016 年 5 月开始施行的《全国社会保障基金条例》第 3 条指出:"全国社会保障基金是国家社会保障储备基金,用于人口老龄化高峰时期的养老保险等社会保障支出的补充、调剂。"该条明确了全国社会保障基金的主要目的是保证养老基金的支出。目前,全国社会保障基金的主要来源是财政拨款、国有资产减持收入以及彩票发行收入等,因此,我国养老基金的资金来源主要包括以下三个部分:全国社会保障基金、城镇企业职工基本养老保险制度以及企业年金基金。[2]

2. 规范养老基金参与目标公司治理的法律规范

对于以上三个部分的资金来源,哪些可以入市进行股票交易,法律规范有严格的规定。2001 年颁布的《全国社会保障基金投资管理暂行办法》用于管理

---

[1] 《明牌珠宝是如何用虚假重组在徐某配合之下套现 10 亿的》,载新浪财经网,https://finance.sina.com.cn/stock/s/2019-07-25/doc-ihytcerm6241423.shtml。

[2] 李欣宇:《养老基金管理人谨慎投资义务研究》,中国政法大学 2008 年博士学位论文,第 13 页。

全国社会保障基金中涉及养老基金部分的投资,第25条第1款规定,“社保基金投资的范围限于银行存款、买卖国债和其他具有良好流动性的金融工具,包括上市流通的证券投资基金、股票、信用等级在投资级以上的企业债、金融债等有价证券”,确定了社保基金中涉及的养老基金部分,可以进入股市进行股票交易活动。但是,社保基金中用于证券投资基金和股票的投资比例不得超过40%。对于企业自由选择缴纳的企业年金部分,根据相关规定,也可以用于证券投资基金以及股票的购买,但是同样不能超过30%。

与全国社会保障基金以及企业年金基金的部分相比,最复杂的是养老基金中的个人账户部分,即所谓的基本养老基金部分。2001年,我国开始在辽宁省进行严格社会统筹账户与个人账户的分账管理试点。原则上,个人账户的基本养老金不允许挪用,只能进行储蓄投资。[1] 然而,2010~2019年多数年份中储蓄存款一年期利率都在3%以下,而通胀水平则为3.7%,这一比值意味着,不能进行市场化投资的基本养老金在不断缩水。与此同时,央行的数次降息,使这个问题会变得更加严峻。2015年在吸收了全国社会保障基金和企业年金在市场化投资中取得的先进经验后,国务院出台了《基本养老保险基金投资管理办法》,允许养老基金的个人账户部分投资证券投资基金、股票、股权,至此确立了基本养老保险基金部分的合格机构投资者地位。值得注意的是,为了保障这一部分资金的安全,该办法对该部分的投资进行了数额的限制,即不得超过养老基金资产净值的30%。基本养老金的入市,不仅有利于实现养老金的增值保值,而且有利于提升养老基金作为机构投资者的地位。根据Wind数据统计,2019年年末A股市场中,社保基金共持有167家公司的股票,以2019年12月31日收盘价计算合计持仓市值为2607.71亿元。[2] 根据《全国社会保障基金投资管理暂行办法》的相关规定,按照投向股票的最高比例40%计算,社保基金还有不小的入市空间。与此同时,企业年金也有2200亿元的资金可以入市,也未达到投资比例的最高限额,加之基本养老金账户内可用

[1] 王信:《养老基金的国外投资:国际经验与中国的选择》,载《证券市场导报》2003年第3期。

[2] 《2020年社保基金持股一览表》,载南方财富网,http://www.southmoney.com/redianxinwen/202004/5436156.html,2020年4月20日最后访问。

资金2万亿元的共同入市,如果三者均能够达到投资的最大额度,并且满仓位操作,将极大地增加养老基金的持股市值与持股比例,其作用是不可忽视的。

实际上,根据相关法律规范之规定,我国对于养老基金的投资,是将养老保险受益人的不可损失权益形成的集合性养老基金,经其"看家人"——地方政府——统一委托给受托机构进行的投资。[1] 因此,养老基金的证券投资行为,要接受负责任投资原则的约束。按照这一原则要求,养老基金要积极参与所投资目标公司的治理,应当按照维护受益人最高利益的原则行使自己的股东权利。然而,无论是《全国社会保障基金投资管理暂行办法》《企业年金基金管理办法》,还是《基本养老保险基金投资管理办法》,均未对养老基金作为上市公司机构股东如何行使股东权利进行规定。我国法律规范在规制养老基金成为机构股东后更好地参与目标公司的治理问题上任重道远。养老基金是所有机构投资者中最具典型的以追求长期稳定投资回报为特征的机构股东,且其持有的资金也具有长期性、稳定性和规模性的特征。因此,养老基金更容易对目标公司进行积极监督。基于此,我们需要结合养老基金市场化道路中出现的具体问题,加快法律调整的步伐,使养老基金能够更好地行使其股东权利,实现维护委托人利益最大化的终极目标。

(三)保险基金

1. 保险基金的发展历史

保险基金,是指专门从事风险经营的保险机构,根据法律规定或合同约定,以收取保险费的办法建立的,专门用于保险事故所致经济损失的补偿或人身伤亡的给付的一项专用基金。[2] 我国保险资金入市始于1999年,在这之前为了保证保险基金的安全,满足投保人、被保险人以及受益人的赔付需求,保险基金只允许存入银行或购买风险较低的政府债券。从1999年开始,保险基金开始被允许通过在二级市场上购买证券投资基金间接进入股市,但是其最高比例不得超过保险基金总资产的5%。2004年10月,《保险机构投资者股票投资管理暂行办法》正式颁布实施,保险基金获准直接入市,成为证券市场实

---

[1] 张春丽:《我国养老基金投资者的审慎投资人规则》,载《中国法学》2016年第5期。

[2] 邓增洪:《中国股票市场主要参与者行为特征研究》,武汉大学2013年博士学位论文,第60页。

至名归的机构投资者。同时,为了保障保险基金的安全,规定其投入权益类投资的上限为20%。2014年中国保监会颁布的《关于加强和改进保险资金运用比例监管的通知》,将上市权益类资产的投资比例扩大至30%。其后,根据2014年5月施行的《保险资金运用管理暂行办法》(已失效)第16条的规定,进一步将保险基金投资比例交由保监会根据情况进行调整。2015年,保监会调整了保险基金投资于蓝筹股的比例范围,规定:"单一蓝筹股的投资比例由5%上升至10%,同时达到投资额度30%的上限比例后,保险基金可以继续增持蓝筹股,但是增持后蓝筹类资产余额不超过40%。"这些规定放宽了保险基金在股市的占比上限,使大量的保险基金进入股市,根据2015年年末的统计数据,保险资产配置中银行存款占比减少至21.78%,债券占比减少至33.39%,而股票和证券投资基金占比增加至15.18%。[1] 截至2020年12月,保险基金持股流通市值为1.66万亿元,占流通市值的比例为2.85%,保险基金持股市值占比在所有专业机构投资者中位列第三。[2] 保险基金投资于资本市场,不仅极大地提高了市场流动性,而且促进了资本市场的长期健康发展。

2. 规范保险基金参与目标公司治理的法律规范

《保险资金运用管理暂行办法》(已失效)第40条规定,"保险集团(控股)公司、保险公司应当建立以资产负债管理为核心的绩效评估体系和评估标准,定期开展保险资金运用绩效评估和归因分析,推进长期投资、价值投资和分散化投资,实现保险资金运用总体目标",这样有利于保险基金作为积极股东参与目标公司治理,提升公司的治理效率。然而,现有法律规范调整的范围仅限于保险公司以其自有资金购买的股权部分,而真正引起争议的是保险公司通过"万能险"及"投连险"等新型险种募集资金所购买股权的行使与规范。

《保险法》第2条及第10条分别对"保险"和"保险合同"的概念进行了界

---

〔1〕 吴晓灵:《规范杠杆收购 促进经济结构调整》,载《清华金融评论》2016年第12期。

〔2〕 《2020年12月保险业经营情况表》,载中国银行保险监督管理委员会网,http://www.cbirc.gov.cn/cn/view/pages/ItemDetail.html?docId=963080&itemId=954&generaltype=0,2021年1月8日最后访问。

定。根据这一定义方式,在传统的保险基础法律关系中,保险人与投保人是通过保险合同形成的债权债务关系,当保险合同约定的条件满足时,保险人应当履行相应的法律义务。[1] 然而,“万能险”产品的发售,则彻底颠覆了这种理念。在“万能险”这一金融产品中,投保人根据自身对保障和投资功能的不同需求,主动调整保障和投资功能的设置。与此同时,保险公司对相关账户资金进行投资理财、投资收益设置最低保证利率的方式,也使“万能险”彻底突破了保险概念的桎梏,演变为一种新型的既有投资功能又能提供保险保障的金融产品。[2] 对保险基础法律关系的认识存在争议,以及“万能险”投资账户的份额难以确定的问题,导致对利用“万能险”资金购买股份的股东如何行使权利产生了巨大的争议。在 2016 年发生的“宝万之争”中,“万能险”作为“宝能系”控股的前海人寿的主要产品和资金来源收购了万科 A 的大量股份,[3]而有关这部分股东权利的行使一直处于市场舆论焦点中。法律规范的缺失导致对保险基金权利行使的障碍和责任的推诿,对实体经济的发展造成了阻碍。因此,在法律规范制定和修改的过程中,可以对兼具保障与理财功能险种的保险基金管理人,施以更严格的义务内涵,对其科以与基金管理人相同的信义义务。例如,法律规范可以完善保险基金在行使目标公司表决权过程中的披露制度,要求其不仅要向“万能险”等险种投资人说明是否会进行投票,还要解释其赞成或反对的理由,同时基于信义义务的要求还应当有明确的利益冲突的处理机制,各种权利的行使均以保障投保人的最高利益为考量等。

(四)证券公司

1. 中国证券公司发展历史

国家允许证券经营机构以自己的名义和资金买卖证券从而获取利润,是证券公司作为机构投资者参与目标公司治理的先决条件。根据《关于证券公

---

[1] 安建主编:《中华人民共和国保险法(修订)释义》,法律出版社 2009 年版,第 29~33 页。

[2] 吴晓灵:《规范杠杆收购 促进经济结构调整》,载《清华金融评论》2016 年第 12 期。

[3] 刘纪鹏、刘志强:《厘清创新与监管边界规范险资举牌行为》,载《清华金融评论》2016 年第 3 期。

司证券自营业务投资范围及有关事项的规定》，证券公司可以买卖包括在证券交易所挂牌交易的A股、基金、认股权证等，证券公司通过上述交易行为取得了目标公司机构股东的合法地位。从1987年中国第一家专业化证券公司——深圳特区证券公司诞生之日起，中国证券公司的发展仅有几十年的历史。在20世纪80年代末至90年代初的起步和摸索阶段，市场的法律、规则的规定都相对模糊，证券公司治理存在很多缺陷，所有权主体缺位、内部人控制现象非常严重。由于实行混业经营的原则，银行办证券的经营状况也导致了自营账户与客户账户常常混淆不清，虚假账户比比皆是，极大地损害了投资者的合法权益。20世纪90年代后期，随着《证券法》的出台，证监会被赋予了法定的行业集中监管职能，在集中监管、分业经营的整体思路下，证券公司从人民银行分离，在进行一系列的清理整顿后，证券公司的资产规模普遍得到了壮大。[1]但是，由于前一段时期存在的系统性风险没有被彻底根除，诸如账外自营、非法融资和对外担保等违规行为在这一阶段经常发生。2001年中期到2004年，由于实行浮动佣金制、推出开放式基金、推行合格境外机构投资者制度等一系列行业对外开放的措施，前一段积累的证券公司行业系统性风险充分释放和集中爆发，券商账外自营、偷用客户资产、非法融资和对外担保导致行业内1/4的券商最终清盘。2004年，国务院发布了《关于推进资本市场改革开放和稳定发展的若干意见》（已失效），要求加强对证券公司的监管，并对证券公司规范经营提出了明确要求。在此基础上，证监会开始对全行业进行综合治理，处置和关闭了30多家高风险券商，并鼓励和扶持行业内规范、稳健的优质券商做大做强，积极创新。

2. 证券公司参与公司治理的法律规范

时至今日，在我国已经形成了以《证券法》为指引，以《证券公司监督管理条例》《证券公司风险处置条例》为辅助的全面对券商监管的体系。这一监管体系从事前、事中风险防范、控制到事后的风险处置，对证券公司的运行、监管和退出机制作了完整的制度安排。尽管整个券商行业的发展势头迅猛，但是

---

〔1〕 步国旬：《中国证券业发展新的里程碑》，载《中国证券报》2008年5月27日，A14版。

作为上市公司的适格股东，资本市场迄今为止还没有券商作为目标公司股东改善上市公司治理的传闻。[1] 究其原因有二：首先，在中国证券行业进入壁垒高、网点审批严、固定佣金费率高等管理模式下，中国券商表现出强烈的对经纪业务的偏好，“靠天吃饭”仍是显著特征。据有关统计，中国券商的经纪业务收入在1996年、1997年、1998年3年中占总收入的平均比例是38.53%，2000年佣金收入的比例更是高达65%。[2] 其次，证券公司的股东资格受到严格监管。以《证券法》为代表的法律规范，对证券公司的股东资格进行了严格的规定。例如，金融机构不得成为证券公司的股东以及单个股东直接或间接向证券公司投资的总金额不得超过该证券公司注册资本的20%等，这些规定无疑限制了证券公司的行业整合和规模聚集能力，也是证券公司竞争力弱、创新能力差的重要原因。[3] 由于面临不利的竞争局面，许多券商已经开始思考如何实现盈利模式的转型，加大创新型业务的发展，从而提高其核心竞争力的现实问题。中信证券在其2011年中报中提出了加大资源投入、大力发展买方业务的更为实际的发展思路。进行供给侧结构性改革，要求证券公司这类在现代金融体系中最为活跃，也最具有创新能力的主体，必须不断适应现代企业发展的需要，开发新的金融产品，其中就包括要加大对企业中长期的资金投入，以及充分地参与企业整个治理过程。

目前，证监会颁布的《证券公司证券自营业务指引》是对券商自营业务进行规范的主要规定，但其内容集中于规范证券公司使用不规范账户进行自营、超比例持仓、持股集中或涉嫌操纵市场等问题，并不满足供给侧结构性改革制度要求下的券商应当加大长期资金投入、参与目标公司治理的要求。因此，在新的形势下，必须对券商参与公司治理的相关经验进行总结，完善相关法律规定，为券商的治理行为提供良好的制度环境。

综上所述，随着我国资本市场几十年的发展，目前我国机构投资者的类型

---

[1] 王秀华：《机构投资者持股的公司治理效应研究——基于股权制衡视角》，企业管理出版社2011年版，第56页。

[2] 万俊毅、苏启林：《试论我国机构投资股东发展的制度约束》，载《金融与经济》2003年第4期。

[3] 李文华：《证券公司创新发展路径探析》，载《证券市场导报》2013年第2期。

已经相当完整。但是,对于其参与目标公司治理的法律规范不甚完善。随着我国资本市场改革不断向纵深推进,机构投资者数量将不断增加,规模将不断壮大,我国《国民经济和社会发展第十四个五年规划和2035年远景目标纲要》第二十一章第三节"深化金融供给侧结构性改革"中指出"完善资本市场基础制度,健全多层次资本市场体系,大力发展机构投资者,提高直接融资特别是股权融资比重"。机构投资者在目标公司的持股比例、持股集中度的提升,有利于调动机构投资者参与公司治理的积极性。但是,我国机构投资者市场本身的组成也值得我们注意,相关资料显示,我国资本市场的机构投资者中股权的投资比例态势为:证券投资基金达到了最大的份额,其次为保险、合格境外机构投资者以及券商。[1] 学者认为,只有长期独立的机构投资者的集中持股,才会监督公司并提高公司治理水平。我国未来可以加大对中长期机构投资者的培养,这样不仅有利于资本市场的良性、健康发展,同时也会满足上市公司治理的需要,提高上市公司治理水平。

---

[1] 吴新春:《大力推进机构投资者参与上市公司治理》,上海证券交易所2015年版,第17页。

第二章　中国公司治理结构模式的特色

一、中国公司治理的变迁

公司治理结构模式的选择具有强烈的路径依赖因素，每个国家都会基于其经济发展的历史状况以及文化等的价值考量选择对自己相对合适的公司治理结构模式，我国亦然。我国公司治理结构模式的形成，与我国公司治理的变迁历程密切相关。我国公司制度建立的时间较短，公司治理也经历了一段从逐步探索到规范的发展过程。

1. 初步探索阶段

从 1990 年到 1992 年 4 月，是我国公司治理的初步探索阶段。在这一阶段，上海证券交易所正式开业，公司控制权交易市场的建立已见雏形。尽管如此，关涉公司治理的相关法律法规尚未制定，公司治理还处于初步的探索阶段。从 1992 年 5 月到 1993 年年底，我国进一步推动公司治理发展。随着邓小平同志发表南方谈话，号召进一步放开中国经济，公司治理有了新的发展。1992 年 5 月，国家体改委颁布了我国第一个关于股份有限公司的规范性文件，标志着我国上市公司治理开始规范化进程的起步。1992 年 10 月，国务院证券委员会和中国证监会正式成立，标志着中国证券市场统一监管体制开始形成。其后，在它们的共同努力下，制定了包括《股票发行与交易管理暂行条例》《公开发行股票公司信息披露实施细则（试行）》在内的大量规范性文件，对上市公司的规范化治理提出了要求。这一阶段中国公司治理的主要特点是，第一次以法律规范的形式，对包括股东（大）会、董事会等在内的公司机关的权利义务进行规范，同时开始认识到股权结构规范化对上市公司治理结构模式的重要意义,开始重视上市公司的外部监督机制等。[1]

2. 规范发展阶段

1993 年年底到 1997 年党的十五大召开前,公司治理基本框架在这一阶段得以形成。1993 年 11 月,党的十四届三中全会正式通过《中共中央关于建立社会主义市场经济体制若干问题的决定》,"产权清晰、权责分明、政企分开、管理科学"的表述为中国公司治理结构模式的选择从战略上奠定了基调。1994 年 7 月,《公司法》正式实施,标志着我国开始从法律层面对公司治理进行全面规范。《公司法》颁布后不久,在全国范围内掀起了企业公司化改造浪潮,原来大量的国有企业按照《公司法》的要求重新设置公司管理机构,并且更名为有限责任公司或者股份有限公司。[2] 正是这种政府引导下的"渐进式"的公司制改革方式,使中国公司治理结构模式在天性上与传统的公司治理结构模式产生了巨大的差异。

2002 ~ 2005 年,对中国公司治理结构模式的形成具有里程碑式的意义。主要表现为如下几个方面:首先,在借鉴前几个阶段公司治理发展经验基础上,《上市公司治理准则》于 2002 年 1 月 7 日正式颁布实施。它是我国第一个全面、系统地规范上市公司治理的重要文件,标志着中国与世界范围内其他先进国家在发布公司治理准则上的同步性。《上市公司治理准则》的出台,使上市公司治理及规范运作有章可循,全面推动了上市公司建立现代企业制度,提高了上市公司的治理质量。[3] 其次,2005 年《公司法》进行了大规模的修改。1993 年颁布的《公司法》,虽然初步设计了公司治理的结构模式,但是针对中小股东保护的内容十分有限,导致中小股东的权益损害得不到充分的救济,影响了我国公司治理结构模式的完善。针对这一现象,2005 年《公司法》的修改全面加强了对中小股东权利的保护。具体措施表现为:强化知情权、增加临时股东大会召集和主持权以及临时提案权、引入累积投票制,同时对股东诉讼的救

---

〔1〕《上市公司治理:现状与任务》,载人民网,http://www.people.com.cn/GB/channel3/24/20001103/298864.html。

〔2〕 Bo Gong, *Understanding Institutional Shareholder Activism a Comparative Study of the UK and China*, Routledge Taylor & Francis Group Press, 2014, p. 53.

〔3〕 余珂:《〈上市公司治理准则〉给股市带来什么》,载《经济日报》2002 年 1 月 11 日,第 2 版。

济措施予以完善。这次《公司法》的修改,极大地提高了对中小股东权利的法律保护力度,完善了公司治理结构模式中股东权利的保护环节。最后,2005 年启动的股权分置改革,更是对确立良好的公司治理结构模式发挥了重大的作用。公司股权结构的形成、演变可以影响甚至部分决定公司的性质、类型与规模、剩余索取权和实际控制权权属、代理成本、利益导向、内部治理机制(包括监督机制、股利政策、代理权争夺等)、外部治理机制(包括控制权市场或者外部接管市场、经理人市场、产品市场等)诸多事项,是现代公司治理的逻辑起点,属于公司基本法律关系范畴。[1] 我国在 20 世纪 90 年代初期建立资本市场之际,出于保护公有制主体地位的需要,将 A 股市场上市公司的股份划分为以社会公众股为代表的流通股,以及以国有股和法人股为代表的非流通股两大类别,形成了股权分置的格局。[2] 然而,这种股权分置的局面不仅因股东不同类型的利益偏好,导致公司内部治理基础的缺失,也在一定程度上抑制了公司内部、外部治理机制作用的发挥,成为我国公司治理结构模式发展完善的桎梏。鉴于此,我国在 2005 年启动了以优化公司治理结构模式为目的的股权分置改革,并于 2007 年年底基本完成。股权分置改革的完成在一定程度上降低了控股股东的持股比例,改善了"一股独大"的股权结构模式,为公司内部治理结构模式的完善奠定了坚实的基础。

3. 补充及完善阶段

这一个阶段的特征表现为三个方面:首先,国家不断从战略文件上,强调建立现代公司治理结构模式的重要性。例如,2014 年国务院颁布的《关于进一步促进资本市场健康发展的若干意见》第 6 条指出:"提高上市公司质量。引导上市公司通过资本市场完善现代企业制度,建立健全市场化经营机制,规范经营决策。"党的十八届三中全会通过的《中共中央关于全面深化改革若干重大问题的决定》第 7 条指出"健全协调运转、有效制衡的公司法人治理结构",

[1] 朱慈蕴、林凯:《公司制度趋同理论检视下的中国公司治理评析》,载《法学研究》2013 年第 5 期。

[2] 傅穹、曹理:《公司治理模式:全球一体化与中国本土化的相互渗透》,载《国家检察官学院学报》2012 年第 1 期。

认为法人治理结构模式的改善,对坚持和完善基本经济制度发挥着重要的作用。其次,这一阶段公司治理结构模式的完善在一定程度上参考了其他国家和组织的经验。在全球经济一体化背景下,为了完善我国公司治理结构模式,提高上市公司在全球经济竞争中的实力,我们考察了许多国家的先进的公司治理经验,并依据经济合作与发展组织《公司治理原则》的要求,完善我国相关法律规定,2018 年 9 月 30 日,在时隔近 17 年后,证监会颁布了修订后的《上市公司治理准则》,标志中国对上市公司的治理迈上了新的台阶。最后,"营商环境"评价等外部评价标准对我国公司治理结构模式的影响甚巨。世界银行的全球营商环境评估报告(Doing Business Report),影响日益广泛,其已被穆迪、标普等世界主要评级公司作为投资建议的重要参考。我国近些年来一直在优化营商环境方面做着不懈的努力,2019 年 10 月 8 日,国务院第 66 次常务会议通过了《优化营商环境条例》,对企业权益的保护、财产保护、知识产权、中小企业投融资、资本市场等多个方面进行了详细的规定。正是由于中国政府的努力,我国在全球营商环境排名中的名次,一直曲折上升。最初为第 119 名,到 2018 年,提升至第 46 名,首次跻身全球前 50 名。到了 2020 年,排名进一步跃升至第 31 名,中国连续两年跻身全球营商环境改善最大的经济体排名前十,[1]成为进步最快的经济体之一。这种对"营商环境"的评价标准,也直接影响了我国的公司治理,需要我国在公司治理的许多方面予以提升,例如,需要明晰董事勤勉义务的外延,将董事勤勉义务具体化;制定关于出售重大资产的议决规则,要求所有类型的公司如果出售超过资产总价值 51% 的资产,必须经股东(大)会表决通过;必须有明确的利润分配的期限,要求有限责任公司和非上市的股份有限公司,应当在作出分红决议之日起一年内完成利润分配等。当然,值得我们注意的是,世界银行对于提升营商环境的具体要求已经在一定程度上影响了我国的立法修改。例如,世界银行的标准要求必须以明晰的规则,妥当配置控股股东、董事及高管的责任,因此,在我国 2018 年修订的《上市公司治理准则》中,不仅对控股股东保持上市公司独立性以及信息披露义务等

---

〔1〕 罗培新:《世行营商环境评估之"保护少数投资者"指标解析——兼论我国公司法的修订》,载《清华法学》2019 年第 1 期。

方面提出了新的要求,而且将控制股东的诚信义务扩展到实际控制人和关联方。[1] 相信未来我国会通过对公司法进行直接修订的方式提升我国满足世界银行营商环境相关指数的标准,同时也能够侧面提升我国公司的治理水平。

二、机构投资者参与公司治理发挥的作用

(一)弥补公司治理机制的不足

1. 公司治理机制不足的表现

公司治理机制是对公司治理所涉及的各个要素之间在权力、职责和能力基础之上的一系列选拔、监督和激励的制度安排。公司治理机制可以细分为公司内部治理机制和公司外部治理机制。公司内部治理机制的力量主要源于公司内部,包括大股东治理、董事信义义务的配置、独立董事的设计以及债务融资等;公司外部治理机制则是指为实现公司治理目标,超出企业资源计划范围的公司治理机制,包括法律与政治体系、产品和要素市场竞争、公司控制权市场以及声誉机制等。[2] 对于公司治理机制与公司治理结构模式的关系,有的学者曾经作出这样生动的比喻,他们认为:"公司治理结构模式相当于公司企业的'操作系统',而公司治理机制相当于企业的'应用软件',二者密切结合共同构成了企业的公司治理系统。""操作系统"与"应用软件"密切结合,相互匹配,公司才能达到良治。因此,即使是功能最为优化的公司治理机制在存在结构性缺陷的公司治理结构模式上运行,也会产生功能性的障碍,导致公司治理机制的运转失灵,偏离制度设计者的初衷。目前,我国的公司治理中就存在这样的问题,公司治理机制的失灵表现为如下几个方面。

第一,大股东治理失败。曾有学者指出,在公司治理过程中,无论是什么样的监督形式,"搭便车"始终是一个无法避免的问题,即股东承担监督的全部成本,但只获取监督所带来的部分收益。因此,在任何一个股权分散的公司

[1] 曾斌:《上市公司治理准则最新修订:重点与趋势》,载《清华金融评论》2018 年第 11 期。

[2] 朱长春:《公司治理标准》,清华大学出版社 2014 年版,第 186 页。

中,股东间“搭便车”的行为都会使小股东缺乏足够的激励而对管理层开展监督。[1] 大股东由于持有较多的公司股份,能够获得公司价值提升后的较多收益,这部分收益不仅能够使大股东获利,同时能够弥补股东监督管理层所付出的成本。因此,大股东对公司治理的有效参与,有利于公司价值的提升。[2] 但是,当大股东持股比例增加到一定程度后,掌握足够多控制权的大股东就可以左右公司管理层的任命和重大投资决策,为大股东攫取私人收益提供便利条件。受大股东控制的管理者也会进行大量有利于大股东,却有损于企业整体价值或者其他股东利益的行为,大股东的“隧道”行为由此产生。在我国公司治理实践过程中,监管层曾经一度对大股东治理持倡导态度,认为公司存在多个大股东是一种较为理想的股权结构模式,股东之间能够形成相互监督、相互制约的力量,2002 年颁布的《上市公司治理准则》第 15 条指出了建立以控股股东为核心的合理制衡的股权结构的必要性。然而,实践证明,股权结构的过度集中,以及由此形成的股东会中心主义,可能导致公司意志臣服于多数资本,公司独立意志完全沦为控股股东的意志。[3] 也正是基于此种原因,2018 年对《上市公司治理准则》进行修订时,删除了第 15 条的相关规定,同时对控股股东及其关联方的义务进行了细化,避免大股东的权力产生异化。大股东治理在特殊的公司治理结构模式下出现了治理机制失灵的现象,大股东治理对公司产生的负面影响可能要大于其参与治理所发挥的积极作用。

第二,董事信义义务规范的失灵。董事信义义务的确立,也是重要的公司内部治理机制,在英美法系中,将董事与股东信托关系的存在视为董事应当负有信义义务的义务来源。一般来讲,信义义务包括两个方面的内容:忠实义务与注意义务,两者缺一不可,但是它们却各有侧重。忠实义务在于克服董事、经理的贪婪和自私行为,阻止管理者将权力为己所用;注意义务则要求董事通

---

〔1〕 李维安:《中国公司治理指数十年:瓶颈在于治理的有效性》,载《南开管理评论》2012 年第 6 期。

〔2〕 姜付秀、[美]肯尼思 · A. 金、王运通:《公司治理:西方理论与中国实践》,北京大学出版社 2016 年版,第 23 页。

〔3〕 汪青松、赵万一:《股份公司内部权力配置的结构性变革——以股东“同质化”假定到“异质化”现实的演进为视角》,载《现代法学》2011 年第 3 期。

过认真履行决策和监督职能来实现公司的最大利益,鼓励他们运用权力服务于公司和股东。相对忠实义务,注意义务更为积极,它鼓励董事要成为遵守商业判断规则的经营者,商业行为的最终目标要实现公司利润的增长。[1]

董事的注意义务与忠实义务应相互结合,两者不可偏废其一。然而,近些年来,信义义务的法律施行效果却因为商业判断规则的使用而颇受争议。商业判断规则提出了这样的一种假设:"只要是作出商业决定的董事被证明依据了可靠的信息,善意、真诚地相信其作出的决定将有利于公司,那么只要利益冲突表现得不明显,董事通常会与其作出商业决定所可能承担的风险相隔离。"[2]事实上,商业判断规则创造了一种有利于董事的,并且可能导致法官驳回诉讼的假设。在商业判断规则所使用的判决中,"法庭通常会认可公司董事的判断,他们认为董事相较于法官,更有利于评定某一具体的决定对公司的风险以及好处"。[3] 商业判断规则的使用,加大了诉讼的难度,也间接地降低了董事注意义务部分的落实。相对注意义务,忠实义务的法律要求更低,而且允许董事在交易之前通过履行相关义务,免除其需要承担的责任。

在我国,董事信义义务的落实则存在不同的表现形式。《公司法》第 147 条对董事的忠实义务作了原则性的规定,同时又在第 148 条规定了董事违反忠实义务的具体行为类型,涵盖了禁止挪用公司资金、禁止自我交易以及窃取公司机会等主要模式。但是相较董事忠实义务的规定,对于董事勤勉义务的规定则略显匮乏,没有明确其定义以及具体的行为类型。[4] 有学者指出,我国在 2016 年修订的《上市公司章程指引》第 98 条明确规定了董事勤勉义务的行为类型,应当作为对《公司法》中规定的董事勤勉义务的补充。然而,《上市公司章程指引》的规定不仅效力较低,而且其所规定的勤勉义务与传统的注意义务中勤勉义务的内容也有所不同。《上市公司章程指引》中涉及勤勉义务,只限

---

〔1〕 胡晓珂:《论我国〈公司法〉修改中对董事注意义务规则的完善——兼析业务判断规则对董事注意义务的衡平》,载《中央财经大学学报》2005 年第 4 期。

〔2〕 Edward S. Adams, *Bridging the Gap Between Ownership and Control*, Journal of Corporation Law 34, 2009, p. 410.

〔3〕 刘迎霜:《股东对董事诉讼中的商业判断规则》,载《法学》2009 年第 5 期。

〔4〕 赵树文:《董事信义义务的立法与修正》,载《理论探索》2012 年第 1 期。

于保证公司的商业行为符合国家法律、行政法规以及国家各项经济政策的要求；及时了解公司的经营管理情况；如实向监事会提供相关情况等，并没有涉及传统勤勉义务的核心，即董事作出的公司商业决策应当最大限度维护公司利益，这才是勤勉义务的核心要义。在我国，公司股权结构过于集中，公司治理结构模式表现为决策权归股东（大）会享有。这一公司治理结构模式特点，导致法律规范并未对董事课以更高的勤勉义务，否则很难实现董事权力与其所需承担责任的统一。由此可见，董事信义义务会在特殊的公司治理结构模式下产生失灵的现象。

第三，高管薪酬规范的失控。近些年来，公司董事会组成人员的变化以及对董事会召开频次的限制，导致董事会的职能有所下降，例如，我国《公司法》第110条仅对董事会会议召开频次的下限进行了规定，规定董事会每年度至少召开两次会议。因而，在这种情况下，实难要求董事会对公司经营的全部事项进行讨论，公司的经营权大部分集中于以首席执行官为代表的公司高管手中。公司首席执行官获得公司控制权后所产生的问题，实际上与非公司股东担任董事拥有公司的控制权所产生的问题具有同质性。在这一状态下，如何对高管进行激励，使其更好地为公司及股东的利益服务，避免机会主义的行为发生，也成为公司治理机制安排的重要考虑内容之一。

通常来讲，公司法律规范会考虑在完善对经理人监督机制的同时，寻求合理的激励机制，实现公司高管对企业价值的最大化。股权激励制度便是典型的表现形式。2004～2008年，我国A股上市公司前三名高管薪酬总额的平均值为83.52万元，资产的现金收益率为5.61%，而股票收益率则高达41.56%。[1] 随着2016年《上市公司股权激励管理办法（试行）》的生效实施，股权激励已经成为A股上市公司优化全面薪酬体系的重要工具。截至2020年6月，共有416家A股上市公司公告了股权激励计划。[2] 2020年A股上市

〔1〕 吴育辉、吴世农：《高管薪酬：激励还是自利？——来自中国上市公司的证据》，载《会计研究》2010年第11期。

〔2〕 张晓玉：《A股上市公司高管薪酬中股权激励占比将提高》，载中国证券报·中证网，http://www.cs.com.cn/ssgs/gsxw/202006/t20200605_6064308.html。

公司高管薪酬均值为198.78万元,大部分也源于股权激励计划。[1]

然而,薪酬运作制度已经在相当程度上偏离了该制度的设计初衷,究其原因有二:首先,高管薪酬的确定体制上存在一定的问题。基于现代公司治理结构模式的要求,许多国家都认为公司高管薪酬,应当由代表股东利益的董事会决定。例如,我国《公司法》第46条中直接规定:"董事会对股东会负责……决定聘任或者解聘公司经理及其报酬事项,并根据经理的提名决定聘任或者解聘公司副经理、财务负责人及其报酬事项……"这种制度设计的假设在于董事会在确定高管薪酬时以公司、股东利益为准绳,通过与高管公平议价确定高管的薪酬。然而真实的情况却是"董事会会受到个人私利和偏好的影响,出于各种经济利益和非经济利益的驱动,偏向高管一边,或至少选择与高管相安无事。"[2]此外,由于董事会成员中大部分为兼任董事,因为缺乏时间、缺乏信息,从而影响了对高管薪酬这种复杂事项的判断。在这种状态下,高管薪酬的确定似乎是发生在高管与公司之间的正常交易行为,但实际上已经演变为只由一方(高管)单方就能够决定的关联交易行为,而这种交易形式会表现出本质上的不公平性。其次,股权激励已经成为薪酬构成的绝大部分,因此使公司高管产生了"靠天吃饭"的想法,对公司股价的提升的偏好已经远远大于对于公司业绩的偏好,部分公司高管采取在股票行权期虚报公司业绩、隐瞒公司不利信息、篡改公司财务报表、选择披露一般信息来替代重大信息等手段,在短期内推高股价,并在股价下跌之前全身而退,[3]从而获得大量的意外之财。如此来看,薪酬制度的设计不仅没有激励公司高管为公司服务、维护股东的利益,反而让其利用了制度设计的漏洞,获得了严重偏离公平交易的大量期权利益,成为自己谋取私利的工具。可见,作为公司内部重要治理机制的高管薪酬激励制度已经出现了制度失灵的问题。

---

〔1〕《2020年A股上市公司高管薪酬榜》,载新浪财经网,http//finance. sina. com. cn/chanjing/gsnews/2020-06-01。

〔2〕[美]卢西恩·伯切克、杰西·弗里德:《无功受禄:审视美国高管薪酬制度》,赵立新等译,法律出版社2009年版,第1页。

〔3〕刘燕:《股票期权的法律与会计约束——伊利事件的启示》,载《北京大学学报(哲学社会科学版)》2008年第6期。

第四,独立董事制度广受诟病。我国的公司治理结构模式,采用的是监事会与独立董事并行的监督机构设置。从实然法规范的角度,应当尊重这种法律制度的设定,并且承认独立董事制度发挥了积极的监督作用,但是,也导致了一些问题的产生,主要体现在如下几个方面:首先,独立董事难以达到实质性独立。依据《关于在上市公司建立独立董事制度的指导意见》的相关规定,法律并未排除控股股东对独立董事的提名权,并将选任独立董事最终的决定权交予由控股股东控制的股东大会。可以看出,控股股东已经在独立董事的选任过程中发挥了极大的作用,调查数据亦证明了上述的推断,我国上市公司90%的独立董事是由控制股东实际提名的。[1] 选任程序对客观公正立场的偏离,导致独立董事在对控股股东进行监督的过程中,自然产生了态度的倾向性,造成其监督的公正性大打折扣。

其次,独立董事的专业性受到质疑。在我国担任独立董事的多为高校知名学者、中介机构(会计师事务所、律师事务所)专业人士、政府官员,独立董事名流化的特征比较明显。政府官员或高校知名学者由于缺乏企业管理经验,往往不懂得如何审核公司的财务报表以及通过相关材料评价公司业绩,也就无法从中发现问题并加以解决。[2] 根据相关调查统计,中国公司独立董事很少对关联交易出具否定意见,在他们出具的清洁意见中,明显存在"无过"和"有功"两种情感。[3] 独立董事制度有沦为"花瓶"之嫌。

最后,独立董事制度与监事制度的重叠与冲突,对制度本身的执行造成了严重的影响。从我国1993年颁布第一部《公司法》以来,就将公司机关中的董事会与监事会并行,并将监事会确立为公司常设的法定监督机关。具体而言,监事会的主要职能为对公司财务以及公司董事、经理和其他高级管理人员履行职责的合法、合规性进行监督,而独立董事的职权亦包括提议聘请或更换外部审计机构,监督公司的内部审计制度及其实施,负责内部审计与外部审计之

---

[1] 姜朋:《独立董事相对论》,载《中外法学》2015年第6期。

[2] 傅穹、曹理:《公司治理模式:全球一体化与中国本土化的相互渗透》,载《国家检察官学院学报》2012年第1期。

[3] 赵子夜:《"无过"和"有功":独立董事意见中的文字信号》,载《管理世界》2014年第5期。

间的沟通,审核公司的财务信息,披露和审查公司的内部控制制度等。[1] 可见,二者在职权上并没有明确的区分界线,这样的规定不仅没有解决监事会监督职能无法落实的现实问题,更造成了监事会与独立董事在职责履行上的掣肘与推诿,导致公司监督职能的落空。独立董事制度作为公司内部重要治理机制,在我国特色的公司治理结构模式下,因为选任难以保持独立性以及专业水平的缺失,致使其监督职能无法实现。甚至因为该制度的设立,影响了原有的监事会职能的发挥,使公司治理处于失序状态,独立董事制度产生了制度失灵的问题。

第五,公司控制权市场难以发挥作用。对公司控制权市场的界定,源于对公司控制权的认识。

在我国,大多数上市公司不仅存在股权过于集中的状况,而且表现为国有股"一股独大"的态势,这种状况导致控制权市场在我国实际运行过程中呈现更为复杂的局面。《中国公司治理报告(2009):控制权市场与公司治理》曾一针见血地指出:政府主导是中国控制权市场交易的核心制度要素,政府干预几乎贯彻上市公司重组过程的始终。同时也加大了信息披露监管和遏制内幕交易等违规违法行为的难度。[2] 我国特殊的股权结构模式导致在公司控制权市场的实际运作过程中,政府介入较多,这在一定程度上破坏了市场机制功能的正常发挥,难以确立合理的定价依据和形成成熟的定价模式,控制权市场并未对公司的治理形成明显的约束力。

2. 机构投资者参与公司治理解决公司治理机制失灵问题

"内部治理的规则体系主要源于公司法中的基础性权利义务框架配置,具体包括股东会的决策机制、董事会的执行机制、监事会的监督机制、经理人的激励约束机制等,外部治理的规则体系主要源于政府及交易所颁布的规范性

---

〔1〕 傅穹、曹理:《公司治理模式:全球一体化与中国本土化的相互渗透》,载《国家检察官学院学报》2012 年第 1 期。

〔2〕 上海证券交易所研究中心:《中国公司治理报告(2009):控制权市场与公司治理》,复旦大学出版社 2009 年版,第 10 页。

准则，具体包括政府监管机制、并购机制、接管机制等。”[1]然而，无论是内部治理机制还是外部治理机制，都会因为特殊的股权结构模式的存在而产生一定的制度失灵问题。因此，我们需要一种补充机制，对公司治理机制失灵的问题加以纠正，使这些传统的公司治理机制更好地发挥作用，机构投资者参与目标公司治理便发挥了这样的功能。一方面，当公司内部治理机制失灵时，例如，“当公司股东大会或经理人阶层（特权集团）滥用公司控制权，损害公司利益，而董事信义义务也无法发挥作用时，机构投资者最有可能挺身而出进行维权，甚至会联合中小股东（潜在集团）共同制衡公司管理层的滥权行为”[2]；另一方面，当公司控制权市场无法发挥作用时，机构投资者也可以在原有目标公司管理层被替代之前，通过参与公司治理提升公司治理效率，避免目标公司的管理层遭到替换。因此，我们始终应当秉持这样一种理念，即探讨机构投资者参与公司治理，绝不是对原有的公司治理机制进行全盘否定，而是探讨机构投资者参与公司治理，能否对原有治理机制给予良好补充，通过内部、外部治理机制的协同，共同对公司治理予以改善。

（二）发挥补位与制衡的功能

上市公司的良性发展对国民财富增长具有十分重要的作用，而良好的公司治理正是维护上市公司良性发展的重要环节。经济合作与发展组织《公司治理原则》的表述是这样的：“如果一个国家要获得全球资本市场的所有好处，如果他们想要吸引长期的‘宽限’资本，公司治理安排必须是让人可信的、边界必须是清楚的、国际公认的原则必须被遵守。即使企业主并不主要依靠国外资本来源，但坚持好的公司治理行为也将对提高国内投资者的信心有所帮助，并将降低资金成本，健全金融市场的机能，最终吸引更稳定的金融源流。”[3]当前，我国上市公司整体业绩不佳，资本市场存在绩差股、小盘股、题材股的估值

---

〔1〕李安安、冯果：《公司治理的金融解释——以金融法和金融学的科际整合为视角》，载《法制与社会发展》2015 年第 4 期。

〔2〕冯果、李安安：《投资者革命、股东积极主义与公司法的结构性变革》，载《法律科学（西北政法大学学报）》2012 年第 2 期。

〔3〕《二十国集团/经合组织公司治理原则》，载 OECD 官网，http://dx. doi. org/10. 1787/9789264250574 – zh，2016 年 12 月 20 日最后访问。

水平远高于大盘股和蓝筹股估值水平的现象，投资者长期热衷于“炒新”“炒小”“炒差”“炒短”等非理性的交易行为，[1]资本市场的良性发展受到阻碍。造成这些现象的其中一个重要原因在于：上市公司缺乏良好的公司治理，内部人控制以及大股东损害上市公司及中小股东合法权利的现象层出不穷，长期困扰公司治理的两大代理问题在中国上市公司治理过程中均有一定的表现。

1. 传统委托—代理问题的表现

在股权结构相对分散的前提下，传统委托—代理问题的实质表现为：作为中小股东的投资者很难有精力，又缺乏足够的动力去参与目标公司的经营，而不得不寻找管理人员从事上述的相关行为，因此在双方之间形成了委托—代理关系。在这一委托—代理关系的框架下，作为委托人的股东，希望作为他们代理人的管理者，按照股东利益最大化的原则管理公司，然而，事实情况却是股东与管理者的利益不尽一致，加之管理者本身具有的道德风险、股东与管理者之间的信息不对称以及两者契约的不完备，产生了相应的代理成本问题。经济学家进一步指出，这种“代理成本”可以划分为“直接的利益输送”与“间接的代理成本”两类。“直接的利益输送”可能包括自我交易以及高管薪酬两个部分；“间接的代理成本”则包括管理人员的“不尽责”与“责任的逃避”。[2]

在中国公司中，尤其是上市公司中，也存在不少的传统的委托—代理问题，但是，它们具有完全不同的表现形式。《中国公司治理报告(2003)》指出：“内部人控制是中国上市公司治理结构的主要特征之一。内部人控制就是在所有权与经营权分离的公司中，投资者不能有效地对经理人进行最终的控制，经理人就可能利用其控制权谋求个人或者小集团的利益，最终损害全体投资者的利益。主要表现在：当控股股东为私人或企业时，内部人控制往往与家族企业现象结合在一起；当控股股东为国家时，内部人控制往往又与政企不分现象伴随在一起。与内部人控制相应的是上市公司主要高管大权独揽，往往集

[1] 上海证券交易所资本市场研究所：《中国公司治理报告(2012)：投资者行为与公司治理》，上海人民出版社2013年版，第1页。

[2] 罗培新：《公司道德的法律化：以代理成本为视角》，载《中国法学》2014年第5期。

公司的控制权、执行权和监督权于一身。"[1]

我国公司中所表现出来的特殊的委托—代理问题,原因在于我国公司特殊的股权结构以及由此形成的公司治理结构模式。我国上市公司大多由国有企业改制而来,上市公司的主要股份为国有股和法人股,国有股东占有绝对的控股地位。根据相关统计数据,截至2020年12月31日,深圳证券交易所共有国有控股上市公司523家,占深市上市公司总数的22%,占A股国有控股公司的44%,总市值为9.4万亿元,占深市总市值的27%。[2] 为了维护国有大股东的绝对控股地位,保障其对公司的控制权,我国公司治理结构模式在决策体制上也体现了股东(大)会优位主义的特点。国有股东的权利行使根据《公司法》和《企业国有资产监督管理暂行条例》的规定,由国有资产监督管理委员会作为权利履行的主体,代表国家监督中央和地方国有企业的经营和运作。然而,作为国有企业的大股东,国务院国有资产监督管理委员会对于国资管理的权限并不集中,在地方层面,国资委与财政部门甚至政府机构的关系较为模糊,一些地方还存在合署办公的现象,可见从其诞生伊始就存在发育不全的现象。[3] 在这样的情况下,一方面,政府机关受到职能或其他方面的限制,导致其不积极行使股东权利;另一方面,政府机关的重大权力掌握在相关机构和某些官员手中,而这些机构和官员并非企业的最终股东,他们的行为在很多时候都会基于政治动机和个人效用的最大化,而不是股东价值最大化。[4] 无论上述哪一种情形出现,均会导致国有股东的权利的行使不够彻底,产生事实上的所有者"缺位"问题。"权利真空"致使以董事会为代表的公司高管人员乘虚而入,使原本具有重大职能的股东(大)会成为徒有其表的"橡皮图章",公司治理也偏离了股东的最佳利益。

---

[1] 《中国公司治理报告(2003)》(摘要),载证券之星,http://finance.stockstar.com,2016年10月28日最后访问。

[2] 《2020年深市服务国资国企改革情况综述》,载深圳证券交易所官网,http://www.szse.cn/aboutus/trends/news/t20210127_584504.html。

[3] 蒋大兴:《废除国资委?——一种理想主义者的"空想"》,载《清华法学》2016年第6期。

[4] 《上市公司治理存在的八大问题》,载网易财经,http://money.163.com/06/0412/17/2EHCSTS300251LKH.html,2016年12月12日最后访问。

2. 控制股东委托—代理问题

学者提出用“掏空”(tunneling)一词来表述控股股东对上市公司的利益侵占行为,这种行为的本质在于:控股股东因为其绝对的控制权产生私有的收益,而这种不被其他股东分享的私有收益,会使控股股东具有机会主义的隧道效应,即能够控制公司的股东为了自身的利益将公司的财产和利润转移出去的行为。控股股东的侵害行为通常会以两种方式存在:第一种方式,即控股股东为了其私有收益,通过自我交易的形式将公司的资源转移出去。这种交易的模式特征在于,只有通过法律判断为缺乏公允的决定程序,才能确定为非法,如关联交易。然而,多数的交易只要履行了正当的程序,均视为合理。第二种方式则是控股股东通过稀释股票发行、排斥小股东、爬行式收购等金融交易方式,增加其持有的股份价值,[1]这种方式则表现得更为隐蔽。正是因为控股股东的这些侵害行为具有隐秘性,甚至在很多时候法律视之为合理,导致了即使在股权保护程度较高的国家,控股股东对中小股东以及公司的侵害行为依然严重。各国在制定法律政策时,都会考虑确定相应的规则,对控制股东的权力进行约束,防范控制股东委托—代理问题的发生。

如果说特殊的公司股权结构,导致第一类代理问题在我国的公司治理中具有独特的表现形式,那么控制股东委托—代理问题,就成为制约我国公司良性治理的最大桎梏。资料显示,在股权分置改革之前,我国公司的股权结构呈现国有股东持股比例高,且掌握绝对控制权的“一股独大”的态势,这一持股比例的平均数高达44.6%。股改之后,虽然第一大股东的持股比例有所下降,但是降幅并不明显。根据统计,国有公司第一大股东持股比例的平均数从股改前的46.6%下降到股改后的38.7%,非国有公司第一大股东持股比例由股改前的34.7%下降至股改后的32%。[2]

在这种“一股独大”的特殊股权结构中,因为同时存在决策与控制的股东

---

〔1〕 姜付秀、[美]肯尼思·A. 金、王运通:《公司治理:西方理论与中国实践》,北京大学出版社2016年版,第28页。

〔2〕 强国令、闫杰:《制度变迁是否改善了公司治理效应——来自股权分置改革的经验证据》,载《财经科学》2012年第8期。

(大)会优位主义,以及双层监督体制下监督职能的"真空",导致控股股东拥有绝对强势的话语权。在这种绝对的控制权的模式下,董事会、监事会的人员由控制股东任命,必须按其利益行事。更有甚者,在原本属于董事会职权的公司经营决策问题上,控股股东同样表现出大权独揽的态势,控股股东损害其他中小股东以及公司利益的情况并不鲜见,中国公司委托—代理问题的核心,转向了股权结构模式下的控股股东的代理问题。控股股东侵害公司、中小股东利益,也由于股权分置改革变得更加隐蔽化和复杂化,导致法律监管难度加大,例如,在股权分置改革前,控股股东还经常会通过直接的资金套用、侵占资金的方式掏空公司的财产,法律规范可以将此类行为直接认定为非法并予以监管。然而,在股权分置改革以后,控股股东的侵害行为模式则变得更为隐蔽和复杂,"关联交易非关联化"趋势明显,控股股东通过设置多层次的关联方,以及获得正当的批准程序以规避法律的监管。从事非效率投资或擅自改变募资用途的行为减少,转化为劣质资产参与配股和通过向控股股东定向增发收购其资产的方式输送利润等行为。[1] 以股利派现变相输送公司利益的行为得到根本抑制,但减持、高比例送股、转增相结合的行为表现得更为明显。[2] 此外,股改使控股股东在做多上市公司、提升公司二级市场股价方面与非控股股东利益保持了一致性,但也极大地增加了控股股东通过操纵股价获取利益的便利。[3] 这种行为模式的变化,也进一步加剧了法律调整的难度。

两大代理问题的存在,使我国公司的治理水平一直维持在较低的状态,根据中国公司治理指数的统计,我国上市公司治理指数平均值从 2003 年的 48.96% 提升到 2012 年的 60.60%,并在 2019 年达到新高 63.19%。尽管上市公司的治理水平总体呈提升态势,但治理有效性偏低亦成为突出的问题。[4] 例如,股东治理指数略有上升,但独立性有所下降;监事会治理仍然处于较低

---

〔1〕 宋力、李宁:《股权分置改革前后控股股东行为变化研究》,中国会计学会高等工科院校分会第十八届学术年会 2011 年年会论文。

〔2〕 李小溪:《股权分置改革前后大股东掏空方式比较研究》,载《会计之友·下旬刊》2010 年第 8 期。

〔3〕 吴敏晓:《中国上市公司控股股东二级市场交易法规分析》,载《东疆学刊》2012 年第 2 期。

〔4〕 李维安:《中国公司治理指数十年:瓶颈在于治理的有效性》,载《南开管理评论》2012 年第 6 期。

水平;上市公司中推迟披露定期报告的公司不断增多等。[1] 如何有效地改善公司治理中产生的两大代理问题,提升公司治理的有效性及价值,成为不得不思考的重大问题。

3. 机构投资者参与公司治理补位与制衡功能的体现

机构投资者介入公司治理的,可以在一定程度上改善公司治理中的第一类委托—代理问题,机构投资者可以充分发挥补位功能。具体表现在如下两个方面:首先,在机构投资者与控股股东并存的公司治理结构下,公司高级管理人员会同时受到控股股东与机构投资者的双重监督,同时,它们的并存也会带来董事会构成的多元化,董事会内部的制衡也会加强,代理成本会得到明显的控制。[2] 其次,若国有企业控制股东缺位,机构投资者的监督不仅会增加"内部人"实施机会主义行为的成本,而且由专业人员组成的机构投资者还可以更好地履行股东(大)会的决策职能,增加公司决策的专业性与科学性,提供公司决策的优度,提高因为大股东缺位而导致的公司决策优度的下降,进而提升公司的治理水平、经营绩效以及市场价值。

机构投资者参与公司治理改善第一类委托—代理问题的同时,亦可以同时防范控制股东的侵害行为,这样的功能主要通过机构投资者发挥制衡作用予以体现。经济学理论认为,企业是不同要素投入者所结成的以营利为目的的生产性组织,但是组织内的要素投入者的决策标准,并不是整个组织的利益最大化,而是本身的利益最大化,因而需要一种制衡机制,将组织各方利益"捆绑"起来,使其一荣俱荣、一损俱损。目前控制股东侵害行为的发生,正是源自制衡机制的失控。控股股东的权力过于集中,其仅需要单独行动而无须联合其他股东就可以实现对公司重要事项的决策,这使他可以不付任何代价地通过侵占其他参与者的利益使其个人利益最大化,因此,多个股东之间能够形成有效的制衡状态,成为防范控股股东实施侵害行为可以选择的有效路径之一。

---

[1] 《2019 年上市公司治理指数在南开大学发布》,载南开大学新闻网,http://news.nankai.edu.cn/ywsd/system/2019/07/23/030034598.shtml。

[2] 邓辉:《我国上市公司股权集中模式下的股权制衡问题——兼议大小非解禁带来的股权结构转型契机》,载《中国法学》2008 年第 6 期。

机构投资者规模的增大、持股数量的增长以及持股集中度的增加，代表在公司内部形成了新的权力或强势集团，这种新的势力集团在多数情况下所持有的股份数额已经具备了抗衡控股股东权力的可能性，即使其持股比例达不到单独行使股东权利的法定标准，它也更能团结到足够多的股东，对控股股东的侵占行为起到阻止作用，[1]机构投资者这种无论是在持股规模、集中度还是信息渠道、专业性方面都可以与控股股东媲美或抗衡的新的势力出现后，大股东从事“隧道”行为的成本将会大大增加。例如，它们的行为即使很隐蔽，也容易被极具专业性的机构投资者发现。同时，由于机构投资者强大的社会影响力，更容易在事后对大股东的违法违规行为予以惩戒。在对机构投资者持股与控股股东资金侵占度的实证研究中，学者们发现，机构投资者在目标公司的持股比例越高，控股股东发生资金侵占行为的可能性越低，即机构投资者持股能在一定程度上抑制控股股东对公司的资金侵占程度，机构投资者参与公司治理产生了良好的治理效应。[2] 由此可见，倡导机构投资者参与目标公司治理，是减少控股股东代理问题发生的有效方法。

---

〔1〕 邓辉：《我国上市公司股权集中模式下的股权制衡问题——兼议大小非解禁带来的股权结构转型契机》，载《中国法学》2008年第6期。

〔2〕 王秀华：《机构投资者持股的公司治理效应研究——基于股权制衡视角》，企业管理出版社2011年版，第93页。

第三章 机构投资者参与公司治理的动因和制约因素

美国著名学者赫什曼曾经在他的著作《退出、发出声音和忠诚》中明确指出，机构投资者持股后的行为通常表现为三种情况：退出、发出声音和忠诚。[1]退出，是指机构投资者直接采用"用脚投票"的方式，卖出公司股票，逃离公司。这种方式最直接的后果是导致目标公司收入减少，股东数量下降；然而，也可以从侧面迫使目标公司管理层寻找机构投资者退出的原因。[2] 所谓的发出声音，则是指机构投资者直接向管理层或其他权威人士表达自己的不满，这种行为的结果是导致管理层积极寻找解决之道，以便满足机构投资者的要求。[3]最后一种则被称为忠诚，是指既不发出声音表达自己的不满，也不会"用脚投票"直接卖出股票离开公司。这三种行为代表了机构投资者参与公司治理的不同态度，是什么因素影响了机构投资者参与目标公司治理的行为模式，这便是机构投资者参与目标公司治理的动因和制约因素。准确地把握和认识机构投资者参与目标公司治理的动因和制约因素，有助于我国鼓励机构投资者参与目标公司治理，发挥更为重要的治理作用。

一、机构投资者参与目标公司治理的桎梏因素

（一）"搭便车"行为的理论模型

"搭便车"行为理论对机构投资者是否选择参与目标公司治理，产生了极大的影响。2000 多年前的古希腊时期，许多思想家便已经注意到"搭便车"行

---

〔1〕 Albert O. Hirschman, *Exit, Voice, and Loyalty*, Harvard University Press, 1970, p. 116.

〔2〕 Albert O. Hirschman, *Exit, Voice, and Loyalty*, Harvard University Press, 1970, p. 160.

〔3〕 Albert O. Hirschman, *Exit, Voice, and Loyalty*, Harvard University Press, 1970, p. 156.

为的问题。亚里士多德曾经指出:“凡是属于最多数人的公共事务常常是最少受人照顾的事务,人们关心着自己东西,而忽视公共的事务。”[1]虽然亚里士多德并没有看到人们忽视公共事务的本质,但是他看到了人的自利性和对公共事务的漠不关心,这正是“搭便车”行为问题之所在。[2] 其后,美国著名经济学家曼瑟尔·奥尔森在他的代表作《集体行动的逻辑》中对集体理论进行了详尽的解释与说明,他认为“在集体行动中,当理性的经济认为行动的成本大于收益,做出行动是不明智的选择。而理性的做法是让自己不行动,而期待其他成员做出行动,而后自己可以分得集体行动成果的‘一杯羹’”[3]。实际上,“搭便车”行为理论与集体行动的困境几乎是同一经济学现象的不同称谓。“搭便车”行为中某些人或某些厂商没有支付任何成本而坐享与支出成本者同样的好处,中国经典故事“三个和尚没水喝”正是这一理论最经典的写照。“搭便车”行为理论对于法律制度规范的设计,以及实施的过程都产生了较大的影响,环境法中的集体公益诉讼是最为典型的例证。在环境法的集体公益诉讼中,常常要求原告一方采取集体行动的方式与污染环境一方进行交涉、抗议乃至诉讼,当某一个或者某几个原告认为即使自己不参加诉讼,也能够在其他原告的诉讼成功后获得同样的收益时,便会采取“搭便车”的态度,如果人人试图“搭便车”,便会使这样的集体公益诉讼宣告失败。

(二)“搭便车”行为理论对机构投资者参与目标公司治理的影响

“搭便车”行为理论也深刻地影响了公司治理的相关过程。传统的公司法人治理理论认为,只有股东才最有可能对经营者进行控制,以体现所有权具有的权力。然而,在现代公司治理结构模式下,股东人数众多,导致股东很难亲自管理公司的日常事务和监督公司管理者的行为,他们不得不任用董事会和公司高管对公司进行管理与运作,在监督董事以及高管的过程中便产生了“搭便车”行为问题。原因在于,对包括董事会在内的公司经营管理者进行监督,并改善公司经营状况所带来的收益,将由全体股东分享,而监督成本则只能由

[1] 付刚:《奥尔森集体行动理论研究》,吉林大学 2011 年博士学位论文,第 44 页。
[2] 付刚:《奥尔森集体行动理论研究》,吉林大学 2011 年博士学位论文,第 44 页。
[3] 付刚:《奥尔森集体行动理论研究》,吉林大学 2011 年博士学位论文,第 44 页。

那些积极实施监督行为的股东承担。因此,单个股东没有实施监督行为的积极性,而每个股东又希望其他股东去监督管理者的经营,以便坐享公司经营改善所获得的收益。[1] "搭便车"行为理论导致股东在参与公司治理中表现出理性的冷漠。因此机构投资者的行为只有突破这一理性冷漠的桎梏,才有可能积极参与目标公司治理,完成从"用脚投票"到"用手投票"行为模式的转变。在参与目标公司治理过程中,当机构投资者持股量较小,而公司股份又过于分散时,其监督的成本就会远远大于收益,监督的积极性就会随之变小,如果此时法律规范对于机构投资者行为的限制又过于严格,则不利于机构投资者股东权利的积极行使,其必然要以"用脚投票"的方式替代积极参与目标公司治理。发达国家资本市场中机构投资者参与公司治理的行为模式之所以在20世纪80年代中期发生了一些质的改变,也是因为两个基础性条件的成立。[2]

二、机构投资者参与公司治理行为模式转化的促进因素

从20世纪80年代起,主要发达国家上市公司的股权开始向大型机构投资者快速集中,表现为持股比例和持股市值的大幅增长。统计数据表明,1950年,个人投资者持有美国证券市场份额的90%,到1970年,这个份额下降到78%,到1990年,该份额继续下降为56%,到2009年,这一份额下降到前所未有的程度,仅占其市场份额的36%。[3] 截至2019年第一季度,美国股市总值为48.02万亿美元,个人投资者持有市值为17.49万亿美元,依然维持在36%左右的市场份额,[4]与1950年的情况形成了鲜明的对比。与个人持股份额日益下降相比较,机构投资者的持股份额反而大幅增长。机构投资者在1950年持股比例仅占市场份额的6%,到1970年,持股份额攀升至18%,这个份额在

---

[1] 马俊驹、聂德宗:《公司法人治理结构的当代发展——兼论我国公司法人治理结构的重构》,载《法学研究》2000年第2期。

[2] Edward B. Rock, *Institutional Investors in Corporate Governance*, Penn Law: Leagal Scholarship Repository, http://scholarship.law.upenn.edu/faculty_scholarship.

[3] Lisa M. Fairfax, *Shareholder Democracy: A Primer on Shareholder Activism and Participation*, Carolina Academic Press, 2011, p. 45.

[4] 李湛:《股票市场投资者结构的国际比较研究》,载中国智库网,https://www.chinathinktanks.org.cn/,2020年4月26日最后访问。

1990 年达到了 37%，到 2009 年，机构投资者在市场上所占份额达到了 50%，美联储的另一些数据则显示，机构投资者持股份额已经达到了 66%。[1] 截至 2018 年年底，共同基金持有美国市值的 23%，与 2009 年的 24.9% 相比略有下降；境外机构投资者占比达 15%，与 2009 年的 6.2% 相比，有大幅度的上涨；养老基金仍然维持在 12.5% 的高位；保险基金下滑幅度较大，由 2009 年的 6.2% 下降为 1.8%。[2] 这些数据是在对冲基金没有进行披露的情况下所作出的统计，如果算上对冲基金，机构投资者持股的份额会更高。与日益上涨的持股份额相比，机构投资者的持股市值也在不断地增长。截至 2018 年，美国证券市场中机构投资者持股市值为 28.6 万亿美元，其中共同基金最多，为 9.7 万亿美元；境外机构投资者次之，为 6.3 万亿美元；养老基金第三，为 4.9 万亿美元；保险基金最少，为 0.8 万亿美元。与 1970 年相比，截至 2018 年，机构投资者持股市值增长了 117 倍。其中，共同基金增长最快，达 190 倍；境外机构投资者次之，为 189 倍；保险基金第三，为 75 倍；而排名最末的养老基金也达到了 65 倍。[3] 随着机构投资者在证券市场持股市值与份额的上升，其在目标公司所持股权的比例也大幅攀升。

机构投资者持股比例和市值在大幅增长后，机构投资者参与目标公司治理的积极性也会进一步提高。首先，根据一股一票的公司表决权规则，持股数量及持股份额的增长，使机构投资者在相关目标公司的影响力越来越大，它们可以直接依靠手中的股份行使股东权利，在公司治理中发挥作用，而且取得成功的概率也会有所增加。其次，机构投资者持股比例和市值影响了交易费用，而交易费用是影响机构投资者选择行为模式的最大因素。交易费用理论最早是由英国著名经济学家罗纳德·H.科斯（Ronald H. Coase）在《企业的性质》一文中首次提出。他认为，交易的费用应包括“度量、界定和保障产权的费用，发现交易对象和交易价格的费用，讨价还价、订立合同的费用，督促契约条款严

---

〔1〕 Lisa M. Fairfax, *Shareholder Democracy: A Primer on Shareholder Activism and Participation*, Carolina Academic Press, 2011, p. 47.

〔2〕 吕程：《美国投资者结构与变迁》，载华泰证券研究报告，https://img3.gelonghui.com/，2020 年 12 月 20 日最后访问。

〔3〕 吴新春：《大力推进机构投资者参与上市公司管理》，上海证券交易所 2015 年版，第 9 页。

格履行的费用等”。[1] 在科斯之后,美国经济学家奥利弗·伊顿·威廉姆森(Oliver Eaton Williamson)又将交易费用细分为事前的交易费用和事后的交易费用。事前的交易费用,是指由于未来存在不确定性,因而需要事先规定交易双方的权利、义务与责任,在确定上述事项时,是需要付出相应代价与费用的;事后的交易费用,则是指交易发生后所付出的费用,例如,为了退出某种契约关系所必须支付的成本,以及当事人为了解决他们之间的冲突所必须支付的费用等。[2]无论是科斯还是威廉姆森都得出了一个共同性的结论:当人们在交易中需要付出的代价(不一定是货币性的)太大,人们可能会考虑采用交易费用较低的替代方法,甚至是放弃原有的想法。当一件事情的结果大致相同或既定时,人们一定会选择付出较小的一种方式。与个人投资者相比,机构投资者具有较高的专业知识水平,由于其持股数量巨大,容易形成规模经济,从而对目标公司施加更大的影响,基于此种理由,机构投资者参与公司治理的费用与个人投资者相比要降低。同时,个人投资者也较容易选择机构投资者管理其资产,代替其参与对目标公司的直接治理,从而避免更大的费用支出,从这个角度来说,机构投资者积极参与目标公司治理实际上可能是市场选择的结果。另外,由于机构投资者持股数量较大,如果其继续奉行传统的华尔街“用脚投票”的投资规则,它们在二级市场持续出售股份的行为必然会引起股票价格的迅速下跌,进而增加机构投资者的交易费用,最终造成获利层面的巨大损失。然而,如果它们能够积极参与目标公司治理,提升所持股公司的市值水平显然比出售股份更有利。[3] 机构投资者由中小股东向大股东的身份转变,使其参与目标公司治理的行为更易于突破理性冷漠的桎梏,机构投资者持股份额的增长成为促进其参与公司治理行为模式转变的第一个因素。

---

〔1〕 [美]奥利弗·E.威廉姆森、西德尼·G.温特编:《企业的性质——起源、演变和发展》,姚海鑫、邢源源译,商务印书馆2010年版,第61~65页。

〔2〕 聂辉华:《交易费用经济学:过去、现在和未来——兼评威廉姆森〈资本主义经济制度〉》,载《管理世界》2004年第12期。

〔3〕 Edward B. Rock, *Institutional Investors in Corporate Governance*, Penn Law: Leagal Scholarship Repository, http://scholarship.law.upenn.edu/faculty_scholarship.

三、我国机构投资者参与目标公司治理行为模式的特点

(一)我国机构投资者参与目标公司治理的现状

2014 年在世界银行所做的调查中,中国机构投资者参与目标公司治理的程度,在接受调查的 49 个国家中排名第 44 位,[1]可见其参与目标公司治理的程度和水平,还处于相对较低的阶段。然而,随着机构投资者规模的不断壮大,它们参与目标公司治理的程度,以及所带来的积极治理效果应该得到足够重视。直接引起笔者对机构投资者参与上市公司治理关注和思考的,分别是 2003 年发生的招商银行可转债事件、2010 年发生的双汇“投票门”事件以及 2015 年发生的“宝万之争”。这几起案例的共同特点是,上市公司中的机构投资者,通过行使法律赋予的股东权利,积极参与目标公司的治理,并取得了积极的效果。招商银行可转债事件的发生,同时敦促了监管部门及时颁布法律规范,切实保护以机构投资者为代表的中小股东的合法权益,具有里程碑式的意义。这一桩桩鲜活的事件,充分展示了我国机构投资者参与目标公司治理的现状,成为观察和评价其行为的生动注脚。

案例 1:招商银行可转债事件

2003 年 8 月 26 日,A 股上市公司招商银行(股票代码:600036)董事会发布公告称,招商银行将发行期限为 5 年的可转换债券,额度不超过 100 亿元,并且将在股东大会予以表决。公布招商银行百亿元融资方案之时正值股市下跌,基金重仓股面临巨大的压力。消息一经公布,即导致招商银行股价当日下跌 3.2%,位居金融行业之首。[2] 基金公司普遍认为,招商银行在 2002 年上市时募集资金 107.7 亿元,时隔一年后再次进行可转债、再融资行为,应当被视为具有圈钱意图,因此表示强烈反对。当时的年报显示,招商银行的前十大股东

---

〔1〕 Bo Gong, *Understanding Institutional Shareholder Activism a Comparative Study of the UK and China*, Routledge Taylor & Francis Group Press, 2014, p. 5.

〔2〕《招商银行转债风波》,载中国证券报,http://www.cs.com.cn/csnews/gszt_zsyh.htm,2016 年 1 月 26 日最后访问。

均为非流通股股东，与非流通股股东持股比例相比，机构投资者略显弱势，但是，作为流通股股东中流砥柱的证券投资基金，仍然对招商银行的决定予以全力反击。在其后召开的股东大会上，10 多家基金公司旗下的 47 只基金，以及世纪证券联合提交股东提案。这些提案中具体包括：一个议案——《关于否决招商银行发行 100 亿可转债发行方案的提案》、两个质询案——《对招商银行本次可转债发行方案合法性的质询》《关于对招商银行董事会违背公司章程中关于"公平对待所有股东"问题的质询》，以及一个要求。[1] 尽管机构投资者方面态度坚决，但招商银行仍然在股东大会上对议案进行了否决。股东大会后，提案的 47 家基金和世纪证券联合发布了《部分流通股股东关于对招商银行股东大会通过发债议案的联合声明》，表示今后有可能通过法律手段继续维护自己的合法权益。与此同时，它们也呼吁监管部门对招商银行发债方案不予审批，并且希望监管部门正式出台相应的法律规范，对流通股股东的合法权益予以保护。真正值得关注的是，此次事件的最终结果。根据相关报道，股东大会召开后，机构投资者在股东大会上的集体行动，受到招商银行管理层的强烈关注，并迅速开展了沟通工作。最终，招商银行对发行方案作出了调整，较多地采纳了以机构投资者为代表的流通股股东意见。更令人欣喜的是，在事件发生后两个月内，中国证监会迅速作出反应，颁布了《关于加强社会公众股股东权益保护的若干规定》，规定涉及流通股股东重大利益的事项实施或提出申请，必须经参加股东大会表决的社会公众股股东持表决权的半数以上通过，这一规定极大地保护了以机构投资者为代表的社会公众股股东的合法权益，机构投资者参与目标公司治理行动受到立法的正面回应具有重大意义。

案例 2：双汇"投票门"事件

2010 年 3 月 3 日，双汇发展（股票代码：000895）召开 2010 年第一次临时股东大会，要求对董事会通过的《关于香港华懋集团有限公司等少数股东转让股权的议案》进行审议。当时有 81 名股东及股东代表参加了会议，代表股份为

---

[1] 王秀华：《机构投资者持股的公司治理效应研究——基于股权制衡视角》，企业管理出版社 2011 年版，第 113 页。

1.29亿股，占公司有表决权股份总数的21.31%。议案提出后有1.1亿股投了反对票，占出席会议所有非关联股股东所持表决权的近85%，董事会决议没有获得通过。[1] 当年的资料显示，在双汇发展的前十大流通股股东中基金公司占据九席，当日持有双汇发展的基金公司均派人到达了现场出席会议。投票表决中高达1.1亿股的反对票，意味着绝大多数机构投资者对该议案持否定态度。机构投资者认为，要求在股东大会上进行审议的董事会决议在通过的时间以及背景上均存在争议。根据双汇发展之前的公告，香港华懋集团早已于2009年上半年，将双汇发展旗下10家公司的股权以6.15亿元的价格转让给双汇发展的第二大股东——香港罗特克斯有限公司。然而，双汇发展于2010年2月才召开董事会，决定是否放弃优先受让权。到3月3日才召开股东大会对董事会决议进行审议，晚了近一年的时间。上市公司的这种行为，不仅严重地违反了《公司法》关于股权转让的程序性规定，同时也在事实上违反了证监会颁布的《上市公司信息披露管理办法》的相关规定，没有将股权转让信息及时向股东进行完整披露。可以这样假设，如果不是以基金公司为代表的机构投资者的集体反对，对董事会决议投出反对票，从而引起了其他中小股东以及社会大众的关注，双汇发展股权已于董事会及股东会开会之前进行了转让，并且未依法进行披露的事实将永远不为人知悉。正因为机构投资者对此次股东大会的积极参与，并行使了股东投票权，才使整个事件浮出水面。由于双汇发展放弃优先购买权的提案未获通过，倒逼双汇发展向股东提出了新的重组方案，有力地保护了中小股东的合法权益。此次事件发生后，机构投资者乘胜追击，在2010年6月29日召开的股东大会上继续否决了双汇发展提出的关联交易提案，彻底解决了困扰双汇发展多年的与大股东之间的关联交易问题。从双汇发展"投票门"事件的结果来看，机构投资者对目标公司治理的积极参与，对控股股东通过股权转让以及关联交易的形式掏空上市公司的"隧道"行为起到了较为明显的遏制作用，机构投资者参与目标公司治理的制衡功能得到了有效实现。

---

[1] 《双汇发展惹怒众基金 弃权议案遭集体否决》，载每日经济新闻，http://www.nbd.com.cn/articles/2010-03-04/269026.html。

案例3:宝万之争

万科(股票代码:000002)是中国最优秀的房地产企业之一,万科的股权结构与其他A股上市公司相比较为分散,大股东持股比例不高,且公司现金充足,因此多年来万科的股权收购成为绝佳的股权战标杆。[1] 2015年7月8日,保监会为了优化保险资金配置结构,促进资本市场长期稳定健康发展,发布了《关于提高保险资金投资蓝筹股票监管比例有关事项的通知》。根据通知要求,对符合条件的保险公司,将投资单一蓝筹股票的比例上限由占上季度末总资产的5%调整到10%,投资权益类资产达到30%比例上限的,可进一步增持蓝筹股票,增持后权益类资产余额不高于上季度末总资产的40%。2015年7月11日,成立于2012年的宝能系前海人寿保险股份有限公司(以下简称前海人寿)通过深圳证券交易所斥资约80亿元竞价交易买入万科A股552,727,926股,占万科总股本的5%。2015年7月25日,宝能系另一公司钜盛华股份有限公司(以下简称钜盛华)买入万科A股449,615,060股,占万科总股本的4.07%。通过上述两项操作"宝能系"持股总额达10%,意图对万科进行实质控制,自此,宝能系与万科管理层对目标公司控制权的争夺拉开序幕。其后,随着宝能系的不断增持,其持股比例甚至一度达到25.40%,成为万科第一大股东,紧随其后的分别为华润集团(15.31%)以及恒大集团(14.07%)。[2]

作为机构投资者的前海人寿及其一致行动人钜盛华在入主万科后表现相当强势。首先,他们否决了万科管理层提出的与深圳地铁的重组方案。其次,他们又于2017年6月26日提出召开公司临时股东大会,并且罢免包括王某、郁某在内的10名董事以及2名监事。他们认为,万科实际上已经成为内部人控制的公司,已经偏离了作为上市公司规范运作的要求。甚至明确地指出,王某个人在长期脱离岗位的情况下,仍然获得了现金报酬5000万元,严重侵犯了上市公司以及广大投资者的合法权益。最后,前海人寿、钜盛华以及华润集团

---

〔1〕 王培霖:《宝万之争虽了 多重遗憾仍存》,载《第一财经日报》2017年1月16日,A02版。
〔2〕 华生:《万科模式:控制权之争与公司治理》,东方出版社2017年版,第102~105页。

还于6月27日联手否决了万科年度董事会报告及监事会报告，以前海人寿为代表的机构投资者与上市公司管理层的矛盾达到了白热化。2017年1月12日，在多方的努力与协调下，华润集团将其拥有的万科的股份悉数转让给地方国企深圳地铁，恒大集团继而表态无意增持万科，宝能系的相关公司则发表声明称自己仅作为财务投资者将全力支持万科的健康发展。至此，"宝万之争"看似尘埃落定。然而，此次事件却留给我们许多的思考。首先，在作为万科第一大股东的华润集团"大股不控股，支持不干预"的态度下，是否如机构投资者所言，万科已然成为内部人控制的公司，公司治理中的第一类代理问题已经表现得极为严重。如果机构投资者所言非虚，以前海人寿为代表的机构投资者便不是万科管理层口中所谓的"门口野蛮人"，而是为保护目标公司及中小股东利益出现的"白衣骑士"。其次，机构投资者参与目标公司的治理行为是否失当？作为机构投资者代表的前海人寿违规从事高杠杆融资进行收购行为，在成为目标公司的机构股东后，又违背保险基金稳健的投资风格，过度干预目标公司的治理，这种做法是否在追求自己权利的同时，也违反了机构投资者应当承担的义务，也是值得我们思考的。

实际上，上述3个案例只是众多的机构投资者参与公司治理事件的缩影。笔者根据权威资料进行了整理。近些年来，发生的典型案例如表3-1所示。

表3-1　机构投资者参与目标公司治理典型案例

年份	案例名称	机构投资者名称	参与目标公司治理采用的手段
1994	君万风波	君安证券	非法律手段
2002	反对中兴通讯增发H股方案	大成基金等	股东投票权
2003	招商银行可转债风波	华夏基金等、社保基金106组合、世纪证券	股东投票权
2004	修改万科公司章程	华夏基金、博时基金、南方基金	股东提案权
2004	反对重庆百货增发	华宝兴业基金	股东投票权

续表

年份	案例名称	机构投资者名称	参与目标公司治理采用的手段
2007	起诉银广夏虚假陈述民事侵权案	大成基金	股东诉讼
2008	反对中国平安千亿再融资议案	大成基金、诺安基金等	股东投票权
2008	否决东方航空与新加坡航空合作方案	融通基金等	股东投票权
2010	否决双汇发展放弃优先受让权议案	嘉实基金、博时基金等	股东投票权
2011	起诉夏新电子虚假陈述案	深圳红杉投资	股东诉讼
2011	督促全柴动力及熔盛重工履行要约收购	兴业全球基金、东方证券	股东提案权
2011	提议给大商股份管理层现金激励	深圳合赢投资、鹏华基金等	股东提案权
2012	提议罢免重庆啤酒董事长	大成基金	股东提案权
2012	联合推荐格力电器董事长候选人	鹏华基金、耶鲁大学基金会	股东提案权 股东投票权
2012	反对华海药业解聘总经理议案	易方达基金、诺安基金等	股东投票权
2013	联合推选上海家化董事候选人	易方达基金、汇添富基金、华商基金	股东提案权
2013	否决大商股份重大资产重组议案	富国基金等	股东投票权
2014	否决太极股份日常关联交易议案	宝盈基金	股东投票权

续表

年份	案例名称	机构投资者名称	参与目标公司治理采用的手段
2016～2017	宝能系与万科公司管理层公司控制权之争	宝能基金	股东提案权 股东投票权
2019	召集ST德豪临时股东大会，提请股东大会罢免4位董事及两位独立董事	国寿安保基金、建信基金等	股东提案权、联合行动、召集临时股东大会等

（二）机构投资者参与目标公司治理行为模式的表现

1. 机构投资者参与目标公司治理的积极性不高

从上述案例的汇总来看，从2002年开始至今，几乎每年都要发生1～2件机构投资者依据法律赋予的股东权利，参与目标公司治理，提高其话语权的典型案例。根据相关法律、法规的规定，私募基金的经营信息可以不予披露，笔者相信机构投资者参与公司治理案件的实际数量还要远远大于统计数量。机构投资者也通过参与目标公司的治理，弥补了公司治理的漏洞。然而，与其他欧美机构投资者作为特定目标公司机构股东参与公司治理的态度已经在一定程度上发生转变相比，我国机构投资者则更愿意采用“用脚投票”的方式参与公司治理，机构投资者往往会通过在二级市场抛售股票的行为，表达对目标公司治理的不满，例如，仁和药业接连被曝光药品质量问题，某机构投资者不是积极为目标公司治理建言献策，而是大幅减持逃离。[1] 招商地产也遭遇到了同样的情况，在房产税试点扩大范围的情况下，该公司依然抛出了一套拟定向增发2.48亿股的方案，同时向特定投资者募集不超过16.22亿元现金。机构投资者没有直接对该方案提出反对意见，而是直接采用了“用脚投票”的方式，争相出逃，导致招商地产复牌当日市值一天缩水逾38亿元。[2] 正像某些学者指出的那样，我国机构投资者在参与公司治理的过程中普遍存在积极性不高的特点，那些机构投资者能够参与目标公司治理的事件只是冰山一角，大多数

〔1〕 吴新春：《大力推进机构投资者参与上市公司治理》，上海证券交易所2015年版，第13页。

〔2〕 陈霖：《招商地产遭机构投资者用脚投票　145只股基4交易日浮盈减少7.83亿元》，载《证券日报》2013年9月25日，D03版。

机构投资者会选择“用脚投票”的态度参与其中。

2. 机构投资者参与目标公司治理的手段较为单一

欧美国家机构投资者参与目标公司治理时,常会使用多种法律及非法律手段以实现自己的股东权利,这些手段具体包括公开建议、行业组织监督、组成机构投资者联盟、诉讼、行使投票权、提交股东提案、征集委托投票权、与管理层沟通等,[1]其最终的目的在于提升自己在参与公司治理事务中的话语权。现阶段,由于各种条件所限,我国机构投资者在参与目标公司治理的过程中,能够使用的手段相对较为单一。在前文搜集整理的案例中,以法律手段的行使参与目标公司治理,如行使股东投票权以及股东提案权的方式占绝大多数,而采用非法律手段,如采用联合行动与管理层沟通等以及法律手段与非法律手段相结合的方式,则较为鲜见。在我国,机构投资者在特定目标公司的持股份额普遍偏低,如果机构投资者不对参与目标公司治理的手段进行丰富,那么参与公司治理取得成功概率则相对较低。综观机构投资者参与目标公司治理取得成功的案例,诸如鹏华基金和耶鲁大学基金会联合推荐格力电器董事长候选人,以及易方达、汇添富和华商三家基金公司联合推选上海家化董事候选人,都是通过丰富自身参与公司治理的手段,或者联合其他机构投资者采取一致行动的方式得以实现的。因此,在法律规范体系内优化机构投资者参与目标公司治理的手段以实现股东权利,是今后立法修订中必须考虑的重要问题。

3. 机构投资者主动参与目标公司治理

机构投资者是将众多的中小投资者的资金聚集,以实现盈利。通常来讲,机构投资者的盈利模式无非包括四种:价差发现模式、价差创造模式、价值发现模式和价值创造模式。其中,价差发现模式和价差创造模式都是机构投资者利用市场机制的漏洞以及法律制度的不完善,通过技术分析的手段,以及多种合规和违规的手段相结合的方式赚取利润的,如“逢低吸纳、逢高派发”、炒作概念、释放虚假信息等。然而,随着我国资本市场发展的逐步完善,监管水平也会随着经验的积累而逐渐提升,同时法律制度也会不断地得到完善,在这

---

[1] 上海证券交易所资本市场研究所:《中国公司治理报告(2012):投资者行为与公司治理》,上海人民出版社 2013 年版,第 68 页。

种情况下，价差发现模式以及价差创造模式失去滋养其发展的“温床”，迫使机构投资者不断通过价值发现模式和价值创造模式获得收益。价值发现模式和价值创造模式表现为，机构投资者通过权益类投资成为目标公司的股东后，不断关注公司治理机制的建设和治理结构的评估，并将其作为投资决策的重要依据，[1]通过关注和参与上市公司的治理，获取超额回报。近年来，作为机构投资者典型代表的公募基金参与公司治理的意识越来越强，不断在目标公司治理的重大问题上行使股东权利，充分维护了基金资产委托人、目标公司以及其他中小股东的利益，他们的行为模式正是价值投资理念的体现。以双汇“投票门”事件为例，嘉实基金、博时基金、上投摩根基金等通过否决优先受让权的议案，迫使双汇发展停产重组。其后，又通过提交关于日常交易议案的方式，表达了对双汇发展作为子公司与母公司双汇集团之间巨额关联交易问题的不满。通过机构投资者的积极作为，双汇发展解决了困扰多年的关联交易、管理层曲线 MBO 等问题，最终倒逼双汇发展整体上市，[2]双汇“投票门”事件被视为推进上市公司治理结构、公募基金市场化的一个重要标志性事件。随着境外合格机构投资者额度的不断扩大，私募基金发展的不断加速以及基本养老基金的入市，这些具有强烈参与目标公司治理欲望的机构投资者必将进一步加深机构投资者参与目标公司治理的程度。

综上所述，我国机构投资者对于参与公司治理的态度并不积极，参与目标公司治理常常采用“用脚投票”的方式，而非积极发出声音，或者即使积极出声，其采用的手段也较为单一，机构投资者单一行动多，联合行动少。这样的现状导致机构投资者参与公司治理获得良好治理效果的概率极低，减弱了其参与公司治理的积极性。尽管如此，以公募基金为代表的机构投资者仍在不断地提高参与目标公司治理的意识，积极地通过各种法律赋予的股东权利维护其自身合法利益。我国机构投资者参与公司治理的行为模式之所以出现上

---

〔1〕 上海证券交易所资本市场研究所：《中国公司治理报告（2012）：投资者行为与公司治理》，上海人民出版社 2013 年版，第 79 页。

〔2〕 崔学刚、徐金亮：《一股独大下的机构投资者治理效应——双汇发展议案否决机制分析》，载《财务与会计（理财版）》2011 年第 2 期。

述的特点，究其原因，在于机构投资者持股数量的增长以及法律规则的积极倡导这两个因素并没有发挥应有的作用，相反却成为机构投资者积极参与公司治理的最大阻却力量。

四、我国机构投资者参与目标公司治理行为模式转化的制约因素

（一）目标公司股权过于集中导致机构投资者话语权减弱

机构投资者在目标公司持股数量的增长以及持股集中度的增加，是机构投资者参与公司治理行为模式转变最为重要的基础性条件。二者的协同增长可以促进机构投资者在公司治理实践中的行为突破理性冷漠的桎梏，行使法律赋予的股东权利积极参与公司治理。在我国，机构投资者经过了20多年的发展，已经形成了包括证券投资基金、保险基金、养老基金等在内的完整体系。近年来，在超常规发展机构投资者政策引导下，以及资本市场不断发育、完善的过程中，机构投资者持股数量已经有了飞速的发展。以证券投资基金为例，截至2016年上半年，基金持股市值最多的50只个股中，前3名的中国平安、贵州茅台以及伊利股份分别达到了131.53亿元、128.47亿元和111.7亿元。[1] 到了2019年第二季度，公募基金持股市值最高的3家企业分别为中国平安、贵州茅台和五粮液，其持股市值分别达到了741.23亿元、563.03亿元和378.22亿元。[2] 然而，机构持股数量的增长，并不代表机构投资者在特定的目标公司中持股集中度的提高。然而，持股的集中度才是影响机构投资者行使股东权利的第一个重要因素。我们以下面的几组数据为例，进行说明。

1. 以2019年第三季度机构投资者持流通股比例最高的公司为样本

截至2019年第三季度，机构投资者持股占流通股比例最高的50只个股，其中前5名分别为安车检测（股票代码：300572）、芒果超媒（股票代码：300413）、泰格医药（股票代码：300347）、亿联网络（股票代码：300628）和捷佳

---

〔1〕《公募基金上半年投资路线全解析》，载中金在线，http://fund.cnfol.com/jijinjiaodian/20160830/23380360.shtml。

〔2〕聂虹：《谁是13.4万亿公募基金最青睐的重仓股？　二季度最新持股曝光》，载每日经济新闻，https://fund.jrj.com.cn/2019/07/22144127870510.shtml，2019年12月20日最后访问。

伟创(股票代码:300724)。这五家的股权结构如表3－2所示。

表3－2　2019年第三季度机构投资者持流通股比例最高的五家公司的股权结构

公司名称	总股本(万股)	流通受限股份(万股)及其占比(%)	已流通股份(万股)及其占比(%)	机构投资者持股占流通股比例(%)	机构投资者数量(个)
安车检测	19,364.92	10,294.59,53.16	9,070.33,46.84	27.74	18
芒果超媒	178,037.75	94,635.73,53.15	83,402.02,46.85	21.44	81
泰格医药	74,955.72	22,078.67,29.46	52,877.05,70.54	16.85	172
亿联网络	59,946.60	50,010.60,83.43	9,936.00,16.57	11.09	50
捷佳伟创	32,000.00	14,999.81,46.87	17,000.19,53.13	7.87	25

通过对持股比例的分析,我们可以发现如下问题:第一,机构投资者持股比例较高的公司中都存在两大类别的股份。其中,在流通股之外还存在流通但是受限股份。根据我国相关法律的规定,法定的限售股主要包括因股改产生的限售股、因新股首次发行产生的限售股以及增发限售股和其他限售股,[1]限售期一般在12个月以上。第二,除泰格医药和捷佳伟创外,在其他三家目标公司内,限售股股东持股比例均达到50%以上,具有绝对的控股地位,这意味着控股股东对公司事务有绝对的话语权。第三,在流通股范畴内,虽然机构投资者持股集中度较高,但是机构数量也相对较多,因此每家单独的持股比例并不高。以排名第一的安车检测为例,在其流通股中持有股份比例最高的中国工商银行股份有限公司——富国天惠精选成长混合型证券投资基金持股总数为9,000,000股,仅占总流通股本比例的9.92%。而这五家公司中持股占流通

[1] 陈彬、陈娟、张子炜:《从域外经验看我国限售股制度的问题与改革》,载《证券市场导报》2014年第12期。

股比例最少的捷佳伟创，机构投资者持股数量最多的中国农业银行股份有限公司——嘉实环保低碳股票型证券投资基金持股5,026,687股，仅占总流通股本比例的2.96%。第四，上述五家公司在十大流通股股东中均无私募基金股东。通过这一组数据的选取分析，我们可以发现，即使在机构投资者持流通股比例最高的五家公司中，机构投资者持股比例的总和也很难与大股东的持股比例抗衡。同时，单一一个机构持股份额相对较低。

2. 以机构投资者参与公司治理较为活跃公司为样本

我们在第二组数据中选取机构投资者参与公司治理较为活跃的目标公司为样本进行分析。根据前文对机构投资者参与目标公司治理取得良好效果案例的总结，我们选取了万科A、招商银行、格力电器、中国平安（股票代码：601318）以及贵州茅台（股票代码：600519）五家公司作为目标公司进行分析。具体股权结构详见表3-3。通过对这五家上市公司的股权结构分析，我们可以发现这五家公司的股权结构呈现如下几个特点：第一，流通受限的股份虽然存在，但是其所占比例极低。其中，招商银行、中国平安和贵州茅台均不存在流通限售股。第二，根据第一大股东的持股比例分析，贵州茅台为大股东绝对控股；中国平安和万科A为相对控股；另外两家股权则相对分散，第一大股东显然没有对目标公司实现绝对的控制权。第三，在流通股的前十大股东中，机构投资者所持股份比例与控股股东的持股比例相当，意味着机构投资者拥有的话语权可以与大股东进行一定程度的抗衡。其中，招商银行与万科A以及格力电器的股权结构都表现了这一定特点。

表3-3 机构投资者参与公司治理较为活跃的五家公司的股权结构

公司名称	总股本（万股）	流通受限股份（万股）及其占比（%）	已流通股份（万股）及其占比（%）	第一大股东持股比例（%）	机构持已流通股比例（%）	机构数量（个）
万科A	1,130,214.30	902.65，0.08	1,129,311.65，99.92	28.71	22.46	270

续表

公司名称	总股本（万股）	流通受限股份(万股)及其占比(%)	已流通股份(万股)及其占比(%)	第一大股东持股比例(%)	机构持已流通股比例(%)	机构数量(个)
招商银行	2, 521, 984. 56	0	2, 521, 984. 56, 100	18. 36	16. 26	773
格力电器	601, 573. 09	4, 581. 17, 0. 76	596, 991. 92, 99. 24	18. 36	11. 95	716
中国平安	1, 828, 024. 14	0	1, 828, 024. 14, 100	33. 47	11. 22	1259
贵州茅台	125, 619. 78	0	125, 619. 78, 100	61. 99	5. 07	1378

3. 以上市公司大股东持股的股权数量为样本

我们选取了截至 2015 年 Wind 数据库统计的中国上市公司大股东持股的股权分配比例为例进行说明，如表 3 – 4 所示。2015 年的数据表明，在沪深两市绝对控股的公司数量达到 533 家，占上市公司总数的 18%，而相对控股的公司则达到了 1156 家，占上市公司总数的 39%。由此可见，作为促进机构投资者参与公司治理行为模式转变的基础性条件——机构投资者持股数量的大量增长以及持股集中度的提高，在我国目前的股权结构中并未发挥有效的作用。机构投资者持股数量及持股比例大幅上升，但是机构投资者参与公司治理的话语权也必然减弱。同时，因为非流通股股份的存在，导致机构投资者在渴望参与公司治理时，难以在二级市场上购买到提升其话语权所需要的股份数额，因此，机构投资者参与公司治理的热情将大大降低。

表 3－4　2015 年中国上市公司大股东持股的股权分配比例

单位：%

大股东持股比例	沪市占比	深市占比	沪深两市占比
绝对控股(50～100)	25	14	18
相对控股(30～50)	38	40	39
相对分散(0～30)	37	47	43

通过对表 3－2、表 3－3、表 3－4 的数值分析，可以看出，中国上市公司存在的股权结构模式目前难以促进机构投资者参与公司治理行为模式的完全转变。机构投资者参与公司治理容易受到“搭便车”行为理论的影响，对监督的需求不高，也缺乏积极参与公司治理的热情。这样的状态下，我们不难理解当机构投资者对目标公司治理不满时，为何会选择采用“用脚投票”的方式离开目标公司，我们也很难期冀机构投资者参与公司治理能够有效地发挥弥补公司治理机制失灵，以及真正发挥监督与补位的效用。

（二）法律规范漏洞导致机构投资者行权路径不畅

法律规范对机构投资者参与公司治理的积极引导，是机构投资者行为模式转变的第二个制约因素。法律规范应当为机构投资者参与公司治理创造良好的制度环境，通过法律制度的确立与优化，降低其参与公司治理所要付出的成本，使其从治理行为中获得大量的利益；或者法律规范为机构投资者确立义务或责任体系，其会因为不积极行使股东权利而支出额外的成本。近年来，我国通过立法制定了许多有利于机构投资者参与目标公司治理的法律规范。其中，2018 年修订的《上市公司治理准则》就以专章的形式对机构投资者参与公司治理进行了规定。然而也有一些既存的法律规范的缺陷，导致机构投资者参与特定目标公司治理过程中的行权不畅等问题，在一定程度上破坏了机构投资者参与目标公司治理的积极性。这些问题主要存在如下三种典型的表现形式。

第一，股权分置制度改革的遗留问题。在我国初期的股份制改造试点过程中曾出现了两种趋向，包括优先集体所有制企业的试点改革，以及通过国有股份的禁止流通转让保证国有股的绝对控股地位。[1] 在这种指导思想下，根据《股份制企业试点办法》和《股份制试点企业国有股权管理的实施意见》的相关规定，将股权设置为包括国有股、法人股在内的不同种类，并对国有股、法人股股份限制上市流通，形成了股权分置的局面，这是中国特色的股权结构模式。然而在流通股股东与非流通股股东并存的局面下，两者明显存在不同的利益偏好。与流通股股东相比，非流通股股东并不关心股票的市值以及公司价值的提升，资本市场一度成为以非流通股股份存在为主的国企的纯融资场所，流通股股东以及其他中小股东的利益受到了严重的损害。股权分置的局面违反了科学的公司治理需求，也同时导致了我国资本市场调控功能的严重失灵，阻碍了我国经济的发展。

在这样一种背景下，股权分置改革正式被提上议程。1993 年颁布的《公司法》第 130 条规定了股份发行的平等原则，必须同股同权，为股权分置改革的启动扫清了法理障碍，提供了制度改革的立法依据。从 1998 年下半年到 1999 年上半年，我国开始探索性地尝试国有股减持，但是由于与市场预期差距较大，导致实施方案失败。2001 年，《减持国有股筹集社会保障资金管理暂行办法》颁布实施，但是同样因为市场效果不理想于当年 10 月暂停实施。2004 年 3 月，关乎我国资本市场稳定与发展的纲领性文件《国务院关于推进资本市场改革开放和稳定发展的若干意见》颁布，其中很重要的一个规定就是指出要积极稳妥解决股权分置问题。2005 年，经国务院批准，证监会发布了《关于上市公司股权分置改革试点有关问题的通知》，这一举动标志解决股权分置问题的工作正式启动。2005 年 5 月，首批股权分置改革试点企业正式亮相，随着试点企业数目的不断增加，以及在这一过程中相关配套制度的完善，截至 2007 年 11 月，我国上市公司股权分置改革基本完成。

股权分置改革的基本完成，使原有的非流通股通过支付对价的方式获得流通权，从而使提升股票的市场表现成为所有股东的利益目标。这样的做法，在一定程度上消除了流通股股东与非流通股股东的偏好差异，为良好的公司

[1] 魏静芳：《股权分置改革的历史背景及发展趋向》，载《经济问题》2005 年第 9 期。

治理打下了坚实的基础,同时,上市公司股权过于集中的问题也得到了一定程度的纾解,中小股东由于获得了对价股份,增加了其在上市公司的持股比例,提升了参与公司治理的动力,也间接地提升了公司治理的效率。尤其值得一提的是,机构投资者在整个股权分置改革中发挥了重大的作用,尤其在对价政策实施后,机构投资者通过大量增持股票,减轻了股价过度波动对资本市场的冲击,显示了机构投资者的应对负向风险的能力。[1] 从公司治理层面上讲,机构投资者通过非流通股的解禁,提高了自己的持股份额,通过持股数量及份额的增长放大了参与公司治理的声音。同时,由于股票全部流通,公司业绩得以进行市场化的评价,使机构投资者通过市场表现对大股东及管理层进行施压成为可能,机构投资者可以通过在二级市场上大量购买公司的股票,实现参与特定目标公司治理的目的,迫使大股东以及公司高管履行职责,公司控制权市场的失灵状态也逐步得到改善。

股权分置改革的成功施行,再一次印证了我国《公司法》同股同权的立法理念,优化了公司的股权结构模式,从机构投资者参与目标公司治理的层面来讲,也为其参与公司治理优化了治理环境。然而,机构投资者作为中小股东的地位仍未得到明显的改善,这一点在国有控股公司层面表现得尤为突出。我国国有公司的股权结构模式要实现从国有股高度集中的现状向“相对控股”的方向转变,只能通过国有股绝对量、相对量以及限制性减持三种方式实现,[2] 国有股相对数量的减持同时引入机构投资者是一个重要的方式。然而,根据《国务院、国资委关于国有控股上市公司股权分置改革的指导意见》(已失效)的相关规定,为了保证国有资本在诸如关系国家安全、国民经济命脉的重要行业内具有绝对控制权,大多数国有公司都采用了国有股限制性减持的方式。因此,许多国有控股公司在非流通股转变为流通股的过程中,依然保有大量的限制非流通股,以免对自己的控制权造成影响,或者小规模频繁减持自己持有

---

〔1〕 肖迪:《股权分置改革、机构投资者与市场反应——来自中国上市公司的实证研究》,载《财会通讯》2010 年第 4 期。

〔2〕 蒋建湘:《我国国有公司股权结构及其法律改革——以公司治理效率为主要视角》,载《法律科学(西北政法大学学报)》2012 年第 6 期。

的股票,以便保持自己的控股地位。实践证明虽然我国的资本市场在股权分置改革后,逐步进入了全流通时代,但是多数上市公司由某一股东掌握绝对控制权的事实仍然存在。国有大股东即使减持了部分手中的解禁股份,对其控制权仍然不会造成太大的影响,但是却能获得较大的收益。[1] 这一结论从股权分置后国有控股公司在A股的分布数量以及持股比例中可见一斑。从这个角度上讲,股权分置改革中所建立的各项法律制度规范,还存在一定的漏洞,并未使机构投资者参与目标公司治理的股权制度环境得以形成,在控股股东"一股独大"的股权结构模式下,机构股东尚不能对公司治理形成有效的影响力。

第二,股东分类表决制度的时限性。招商银行可转债事件,直接促成了证监会颁布《关于加强社会公众股股东权益保护的若干规定》,使股东分类表决制度作为对社会公众股东进行保护的重要机制而存在。上述文件中规定,上市公司从事严重影响社会公众股股东利益的行为,例如,增发新股、重大资产重组等,应当经全体股东大会表决通过,并经参加表决的社会公众股股东所持表决权的半数以上通过。该规定甫一出台,就得到了流通股股东的强烈支持,以机构投资者为代表的流通股股东开始大量使用股东分类表决制度,保护自己的合法权益。例如,2004年12月27日,重庆百货因其增发方案被华宝兴业多策略增长基金一票否决,成为分类表决制度施行以后首家被流通股股东否决议案的上市公司。2005年1月21日,由于机构投资者的强烈反对,上市公司神火股份发行可转换公司债券的方案未获通过。2005年5月9日,方兴科技股东大会因为以机构投资者为代表的流通股股东反对,否决了配股议案。2005年5月18日,银河科技召开2004年度股东大会,由于流通股股东将近95%的反对票,关于延长发行可转换债券方案有效期的议案未获通过。2005年5月23日,福耀玻璃公司增发方案因为没有获得流通股东所持表决权的半数以上同意而未获通过。[2] 由此可见,作为在股权分置的状态下保护流通股

〔1〕 何小:《股权全流通与内部人控制问题研究》,西南财经大学2009年硕士学位论文,第47页。
〔2〕 陈云霏、张孝友、张伟:《论股权分置改革中的分类表决制度》,载《西南农业大学学报(社会科学版)》2006年第4期。

股东的重要制度,股东分类表决制度为保护以机构投资者为代表的中小股东的利益,以及为机构投资者提供更多的参与公司治理的机会发挥了重要的作用,分类表决制度已成为中小股东与具有绝对控制权的大股东相抗衡的利器。

然而,这一制度的运用也存在值得思考之处。其一,流通股与非流通股作为一个特定法律概念,是在股权分置制度的背景下产生的。然而,随着全流通股权时代的到来,作为股权分置改革时期的过渡性措施的股东分类表决制度如何继续发挥保护以机构投资者为代表的中小股东的作用是值得深入思考的。[1] 其二,我国《公司法》第 103 条第 1 款规定,出席股东大会的股东,所持每一股份的表决权是相同的,即每一股份只有一个表决权。由此可见,从法理上来讲我国《公司法》并不认同存在有表决权差异的类别股。[2] 尽管如此,2013 年由国务院颁布的《关于开展优先股试点的指导意见》还是正式确立了优先股制度,为我国类别股东制度的建立奠定了依据。今后,如何对《公司法》的相关规定进行修订,从而有效利用传统类别股股东的投票权利,搭建机构投资者参与公司治理的有效路径,是法律修改与完善中应当关心的问题。

第三,其他相关法律规范仍不完善。除了股权分置制度的漏洞造成的机构投资者参与公司治理的行权阻碍,以及作为过渡性措施的股东分类表决制度对于机构投资者行权的不确定性,其他法律规范亦存在一定的不足。2018 年修订的《上市公司治理准则》中虽然倡导以社会保障基金、企业年金、保险资金、公募基金为代表的机构投资者通过行使表决权、质询权、建议权等相关股东权利,合理参与公司治理,但并没有规定机构投资者行使上述权利的具体方式。至于《公司法》中规定的一系列保护中小股东的法律制度,诸如累积投票制度、异议股东收购请求制度以及关联股东的排除表决制度也没有根据机构投资者不同特点进行特殊性的表述,由此导致机构投资者行使股东权利时缺乏明确的标准。更值得关注的是,还有些法律规定甚至加大了机构投资者从事短期交易行为的可能性。例如,2021 年通过的《印花税法(草案)》中第 8 条

---

〔1〕 蔡庆虹:《公司股东分类表决机制探究——兼论我国社会公众股股东表决制度》,载《清华法律评论》2006 年第 0 期。

〔2〕 谈萧:《股权分置改革中若干法律问题探析》,载《证券市场导报》2005 年第 12 期。

第5项规定："证券交易的应纳税额为成交金额或者按照本法第7条的规定计算确定的计税依据乘以适用税率。"这一规定的做法实际上是对买卖双方实行简单的规定税率，对长期投资、获利大小实行了同等的纳税待遇。这就无法真正从税负上达到鼓励投资者进行长期投资，抑制投机性交易的目的。相关资料统计，以证券投资基金、保险基金、QFII、社保基金为代表的机构投资者，持股期限分别为94.7天、96.6天、92天和118天，换手率达到了128.2%、39%、101.4%和66.5%。[1] 在这种短期投资与频繁交易长期占据主导交易模式的情况下，机构投资者很难深入到特定目标公司治理层面积极参与公司治理。

综上所述，虽然我国机构投资者已经取得了长足的发展，并日益在资本市场上发挥重要的作用。但是，由于我国"一股独大"的股权结构没有发生彻底改变，从控股股东的角度来讲，机构投资者仍然居于中小股东地位，尚未拥有制衡控股股东的能力，控股股东机会主义行为发生的概率大大存在，同时，相关法律规范存在漏洞，导致机构投资者参与公司治理的法律制度环境并不完善，也使机构股东参与目标公司治理的积极性受挫。上述这些原因，共同导致了我国机构投资者参与公司治理的行为模式会表现为以"用脚投票"为主导，上市公司在股权结构与公司治理结构难以进行较大改变的前提下，为了积极促成机构投资者参与目标公司治理，法律规范应当将修订与完善的重点放在优化机构投资者参与公司治理的权利之上，同时确立机构股东参与公司治理的义务体系，使权利与义务达到平衡，以充分实现机构投资者参与公司治理的功能。

---

〔1〕 吴新春：《大力推进机构投资者参与上市公司治理》，上海证券交易所2015年版，第9页。

第四章　机构投资者参与公司治理权利的优化

机构投资者通过资本市场上的投资,成为特定目标公司的机构股东,其参与目标公司治理所发挥的功能是无法被替代的。作为直接利益的相关者,机构投资者有足够的动力去关心目标公司的治理情况和治理效果,与大股东和其他中小股东治理相比,机构股东具有天然的优势。同时,与公司的外部利益主体相比,机构投资者一旦认识到必须通过参与公司治理才能够保障自己的合法权益时,必然会从内到外、由表及里地对公司的内部组织架构、决策程序乃至关联交易进行关注,必要时会积极介入公司治理,而这种关注是借助股东身份实现的,因而是最直接、最有效而且是最现实的。在这个前提下,制定包括修改法律规范的重点是如何优化机构投资者参与目标公司治理的权利,使机构投资者能够更好地通过行使股东权利参与到目标公司治理中,提升公司治理效率。2018 年修订的《上市公司治理准则》第 78 条明确规定:“鼓励社会保障基金、企业年金、保险资金、公募基金的管理机构和国家金融监督管理机构依法监管的其他投资主体等机构投资者,通过依法行使表决权、质询权、建议权等相关股东权利,合理参与公司治理。”第 79 条规定:“机构投资者依照法律法规和公司章程,通过参与重大事项决策,推荐董事、监事人选,监督董事、监事履职情况等途径,在上市公司治理中发挥积极作用。”这一法律规定仅是原则性的、倡导性的,并没有指明机构投资者股东权利的具体行使方式以及行使过程中可能产生的相关问题,也未进一步探讨其解决方案,因此,我们不难想象这一法律条款的实施效果。

优化相关法律规范中机构投资者参与目标公司治理的股东权利的行使方式,为机构投资者参与公司治理的行为提供明确的指引尤为重要。本章的写作目的，正是在学术探讨的语境下，分析我国目前实然法规定的各项股东权利中所蕴含的利益思考，以及最终的现实选择，并在此基础上借鉴域外其他国家的立法经验，优化我国机构投资者参与公司治理的各项股东权利，为其行为模式的转变扫清路径障碍。

一、机构投资者参与目标公司治理权利行使的典型方式

（一）股东提案权的行使

股东提案权，是指股东向股东大会提出议题或议案的权利。从性质上看，股东提案权与表决权密切相关，属于共益权的一种。[1] 在美国，股东提案对股东行使权利的意义尤为重大，原因在于，大量的公众公司股东只能通过代理人参加年度股东大会，因此，公众股东无法亲自表达他们对目标公司重要问题的意见，在这种情况下，股东提案成为他们表达意见的重要途径，股东常常通过股东提案提出对公司重大问题的看法，同时也希望通过股东提案来影响公司的政策。更为重要的是，因为公司将代替股东负担分发代理委托书的成本，因此无论股东大小，均可以在毫无经济支出压力的情况下，通过充分利用股东提案权的形式参与公司治理。股东通过行使股东提案权参与目标公司治理，至少可以服务于以下三个目的：第一，无论是提案本身还是相关股东对提案的支持，都可以反映公司治理中的重要信息；第二，提案权的行使加强了股东与公司以及股东与股东之间对于重要事项的沟通，进一步提升了股东对于公司事务的话语权；第三，股东依靠股东提案程序改变目标公司治理的同时，也提升了股东的投票能力和其在公司的权威。[2]

行使股东提案权对于机构投资者来讲意义更为重大，机构投资者参与目标公司治理行为模式的转变，肇始于美国证监会对 14a－8 规则的修改。修改后的 14a－8 规则，允许机构投资者向公司请求，将其提出的适当提案列入由管理层邮寄给股东的委托书征集材料中。提案股东无须为提案权的行使承担费

---

〔1〕 刘俊海：《股份有限公司股东权的保护》，法律出版社 2004 年版，第 293 页。

〔2〕 Lisa M. Fairfax, *Shareholder Democracy: A Primer on Shareholder Activism and Participation*, Carolina Academic Press, 2011, p. 63.

用,由此产生的费用将全部由公司承担。[1] 其后,股东提案权的行使,被视为机构投资者参与公司治理最重要的方式之一。

1. 程序性规则

依据14a-8规则的相关规定,无论是机构投资者还是个人股东,在行使股东提案权时均须满足下列程序性条件:首先,行使股东提案权的股东应当满足持股数量和持股时间两个要求。在持股数量上,要求行使权利的股东持有目标公司的股份比例不少于1%,或所持股票市值不少于2000美元,以较低者为准;同时,上述股东必须连续持有上述股份一年以上。这样规定的目的在于保障享有公司长期利益的股东行使股东提案权,防止股东机会行为的发生。其次,满足上述持股数量和持股时间的股东,每个人只能向公司提交一份提案,防止股东在委托代理书中乱写。再次,14a-8规则对股东提案的字数也进行了限制,每份提案的字数不能超过500字。对于字数的限制也适用于那些鼓励其他股东支持该项提案的描述,如果提案的题目也被视为股东为获得支持而作出的某些描述,则该题目的字数也应当被列入限制的范围。14a-8规则允许股东引用某些网站的内容对他们的提案进行描述性的说明,但是被引用的网站中不能包含误导性的陈述内容,网站的名称算一个字符。一般来讲,股东必须在上一年度管理层发出表决代理书的120天之前提出提案,对股东提案最后时限的要求均可以在上一年年度表决代理书中找到。最后,14a-8规则还对提交提案的股东出席股东会进行了相关的要求。股东无论是亲自还是通过代理人提交提案,均需本人亲自参加股东大会并作出说明。如果股东大会是在网上进行的,经过公司同意,股东也可以通过网络的方式出席。如果提出提案的股东无正当理由拒绝出席股东大会,公司可以在未来2年内拒绝该股东提出的任何提案,从而维护公司的合法权益。

2. 实体性规则

在最初的股东提案权规则中,法律没有对其内容予以任何的限制。其后,随着14a-8规则的不断修正,最终以13项实体性规则的规定,对目标公司可

[1] 刘胜军:《论我国上市公司股东提案权——以美国法为借鉴》,载《河北法学》2016年第9期。

以排除的股东提案类型进行规范(参见表4-1)。在这13项规则中,引起较大争议的分别为第7项(提案所涉事项属于公司的日常经营行为)和第8项(提案事项涉及董事会成员的提名和选举)。

表4-1 目标公司可以排除的股东提案类型

序号	内容
1	根据相关州的法律,股东提案要求公司履行的行为是不恰当的
2	执行提案将违反法律或者成为公司违反任何州、联邦法律或者外国法律的原因
3	违反代理规则
4	表达了个人的不满或者出于特定利益的考虑
5	与公司营业缺乏重要联系
6	提案超出了公司的权力范围或者缺乏授权
7	提案所涉事项属于公司的日常经营行为
8	提案事项涉及董事会成员的提名和选举
9	与之前的提案发生冲突的,公司应该向美国证监会报告,并指出冲突的具体要点
10	公司实质上已经在施行某项提案
11	与另一提案人的提案发生实质雷同,而其他提案也被记载在公司的委托书征集材料中
12	如果提案涉及的事项在过去的5年内包含于公司的代理材料中,并规定了具体的执行标准,例如,过去5年内被提交过两次,但是最后一次支持率达不到6%
13	涉及现金或股票分红的相关事项

1954年被规定在14a-8规则中的第7项条款,对提案所涉事项属于公司的日常经营行为进行了排除,其目的是避免股东提案涵盖大量的应由董事会讨论的事项,造成对董事会中心主义的司法立场的威胁。然而这一规则在实践中引起了较大争议和大量诉讼,其原因在于,根据商业判断规则的要求,大

多数的股东提案将会因为涉及公司日常经营事项而被排除在外。[1] 以引起最大争议的涉及公司社会责任事项以及有关雇佣的相关事宜为例，最初，美国证监会认为，如果股东提案涉及社会或者政治相关事宜属于公司董事会所讨论的日常经营事项，这样的提案应当被排除。然而，不久之后，它们就改变了立场，认为如果某提案涉及的社会或政治事项非常重要，这样的事项就不应当属于公司日常的经营事项，这种提案也不能被排除在外。[2] 在规则改变之后，一系列同社会和政治相关的提案被纳入股东提案的范围。雇佣事宜同样受到了排除规则的影响，美国证监会最初的立场为：涉及公司雇佣的事项应当属于公司内部经营事项，因此股东提交的此类提案应当被排除。但是，有两个例外：第一个例外是如果雇佣事项涉及重大的社会政策，这样的股东提案不能排除；第二个例外是涉及高管薪酬的事项不能排除，因为高管薪酬事项往往会引起社会的极大关注。[3]

对第 8 项涉及董事会成员的提名和选举事项予以排除，同样引起了巨大的争议。美国证监会认为，董事会成员的提名和选举应当属于董事会的权力范围。为了防止股东以股东提案权为工具发起选举竞赛，14a－8 规则中规定，股东不能在公司分发的代理书中提名自己的董事。根据上述规则的要求，如果某个股东要提名一个不被管理层支持的董事人选，则其必须自行准备和分发相应的委托书，并发起委托书竞赛。然而，实践证明，正是 14a－8 规则所设计的针对董事会成员提名及选举事项的股东提案权的排除规则，导致了股东参与代理权的争夺。[4] 机构投资者对上述规则的反对尤为激烈，它们认为对涉及董事会成员提名及选举提案的排除规则，实际上意味着所有的董事会成员都将由管理层提名，并存在董事会成员在没有任何监督的情况下执行公司的

---

〔1〕 Lisa M. Fairfax, *Shareholder Democracy: A Primer on Shareholder Activism and Participation*, Carolina Academic Press, 2011, p. 73.

〔2〕 Lisa M. Fairfax, *Shareholder Democracy: A Primer on Shareholder Activism and Participation*, Carolina Academic Press, 2011, p. 73.

〔3〕 Lisa M. Fairfax, *Shareholder Democracy: A Primer on Shareholder Activism and Participation*, Carolina Academic Press, 2011, p. 73.

〔4〕 Lisa M. Fairfax, *Shareholder Democracy: A Primer on Shareholder Activism and Participation*, Carolina Academic Press, 2011, p. 76.

相关事务的可能性。面对这样的局面,以机构投资者为代表的股东不断地寻求各种途径以便修改规则,从而满足它们能够通过提案的方式,获得对董事会成员进行提名的权利。此后在2007年和2010年,第8项排除事项经过了几次修订,具体修订内容如表4－2所示。通过上述的修订我们可以看出,美国证监会也在通过规则的调整,寻求满足股东通过公司代理委托书参与董事提名或者选举的可能性,这样的做法也会间接地满足机构投资者参与目标公司治理的迫切需求。

表4－2 14a－8规则修订之内容

2007年6月 第8项规则 作用范围	2007年11月28日 对第8项 规则的修订	2010年8月25日 对第8项规则的修订
如果一项提案涉及董事会成员或者具有类似功能的管理实体的成员的选举,则该项提案应当受到排除	如果一项提案涉及董事会或具有类似功能的管理实体的成员的提名或者选举或者是涉及上述提名或者选举事项的程序的规定,则该项提案应当受到排除	如果一项股东提案涉及下述事项,则应当被排除: 第一,取消正在参选的董事会成员提名人的资格;第二,提出在董事会成员届满之前将其免职;第三,对某个董事会成员或者被提名人的能力、商业判断以及性格质疑;第四,帮助特定的人进入公司委托书材料,以获得董事会成员的选举;第五,以其他手段影响董事会的选举结果

3. 对股东提案权的最新修订

2019年11月,美国证监会对14a－8规则进行了重新修订,该次修订使14a－8规则更加现代化。有学者认为,此次修订将有利于所有的股东和公共资本市场的运作,并将促进具有长期投资意愿的股东对公司治理的建设性参与。[1] 2019年针对14a－8规则的修订主要包括如下内容。首先,修订了14a－8规则一直保有的对持股比例以及持股时间的要求,以便促进具有长期投资意愿的股东进行提案。修正案设计了三种不同的阈值,股东可以在满足

〔1〕 U.S Securities and Exchange Comission, *SEC Proposes Amendments to Modernize Shareholder Proposal Rule*, https://www.sec.gov/news/press-release/2019－232.

下述三个条件的情况下提出提案：连续三年拥有至少2000美元的公司证券，至少连续两年拥有至少15,000美元的公司证券，或者至少连续一年拥有至少25,000美元的公司证券。[1] 并且要求每个提案的股东在提案后，至少在10个日历日或者不超过30个日历日能够亲自或者通过电话的方式与公司就提案进行讨论，[2]这一规定在于提高提案人对于提案负责的程度，督促其认真履行权利；同时，美国证监会也认为，这样的做法将鼓励股东参与提案，并可能使双方达成相互满意且负担较小的解决方案。[3] 其次，原14a－8(c)规则规定："每位股东向公司提交特定股东会议的提案不得超过1个。"2019年修订后将"每位股东"修订为"每个人"，这样可以防止一个人依赖于另一个人的证券持有量来满足资格要求，并向特定的股东大会提交多份提案。同时，即使是代表不同股东提交提案，也不允许代表提交的多份提案在同一会议上进行审议。[4] 最后，根据原14a－8规则的规定，"如果在前一次股东会议上股东提交了基本相同的提案，并在低于指定阈值的情况下获得支持，则公司可以对该提案予以排除"。修订案中重新对该阈值进行了修订，同时，规定允许公司排除在过去5年中已提交过3次或以上的提案，如果：(1)提案在其最近提交的提案中获得超过25%但少于50%的投票，并且(2)与上一次投票相比，上一次对基本上相同的主题进行投票时，支持下降了10%以上("动量要求")。[5]

4. 股东提案内容的新发展

近年来，由于机构投资者的兴起，行使股东提案权变成机构投资者参与目标公司治理的重要工具。基于此种理由，以关乎改善目标公司治理为导向的提案日渐增多。机构投资者股东提案权的内容主要表现为如下几种类型。

---

〔1〕 U. S Securities and Exchange Comission, *SEC Proposes Amendments to Modernize Shareholder Proposal Rule*, https://www. sec. gov/news/press-release/2019 – 232.

〔2〕 U. S Securities and Exchange Comission, *SEC Proposes Amendments to Modernize Shareholder Proposal Rule*, https://www. sec. gov/news/press-release/2019 – 232.

〔3〕 Era Anagnosti et al. , *SEC Proposed Amendments to Modernize Rule 14a – 8*, https://www. whitecase. com/publications/alert/.

〔4〕 U. S Securities and Exchange Comission, *SEC Proposes Amendments to Modernize Shareholder Proposal Rule*, https://www. sec. gov/news/press-release/2019 – 232.

〔5〕 U. S Securities and Exchange Comission, *SEC Proposes Amendments to Modernize Shareholder Proposal Rule*, https://www. sec. gov/news/press-release/2019 – 232.

(1)有关取消交错董事会的决议。交错董事会制度兴起于20世纪80年代的美国收购浪潮,交错董事会也称分类董事会,典型的做法是在公司章程中规定将董事分为若干组,每组有不同的任期,以使每年都有一组董事任期届满,股东大会每年只能依次改选其中任期届满的一组,且辞退董事必须具有充分理由。[1] 该种制度目前已经被许多州的法律认可,以特拉华州普通公司法为例,典型的交错董事会条款将董事分为3类,分别给予1~3年不等的任期,每年只能改选任期届满的董事。[2] 截至2002年,在美国2421个大型公众公司样本中,有59%的公司设置了交错董事会制度。另外,在即将上市的公司中设置交错董事会制度的发生率,已经由1991~1992年的34%增至1999~2000年的82%。[3] 交错董事会制度一般被视为敌意收购的"驱鲨剂",因为一旦公司章程中规定了交错董事会条款,收购者即使取得了目标公司足够数量的股份,也无法在短时间内取得董事会的大部分席位,从实质意义上获得目标公司实质的控制权。交错董事会制度这种巨大的反收购威力的存在,降低了公司成为收购对象获得溢价收购的可能性。相关资料表明,1995~2000年,交错董事会制度减少了目标公司股东8%~10%获得收益的可能性。因此,很多学者认为交错董事会制度降低了公司控制权市场发挥调解的重要作用,它仅是公司董事会为求自保的武器,这也是所谓的管理防御假说。[4] 也正是基于上述原因,从20世纪80年代开始就有股东不断通过提案的方式要求废除交错董事会制度,到了2000年对于废除交错董事会制度的提案的支持率已经达到了50%,到了2009年支持率则达到了63%。[5] 随着支持率的不断上升,尽管有许多公司依然保持交错董事会制度,但是对董事会成员的每年选举也成为公

---

〔1〕 张伟华、高冰莹、王春燕:《反收购条款的研究综述与展望》,载《财务研究》2019年第4期。

〔2〕 Staggered Board of Directors, https://content.next.westlaw.com/7-382-3831? transitionType=Default&contextData=(sc.Default)&__lrTS=20200324144812805.

〔3〕 王莉:《交错董事会制度在我国的合法性与功能分析》,载《北京工业大学学报(社会科学版)》2015年第2期。

〔4〕 陈玉罡、杨元君、刘彧:《董事轮换制增加了公司的代理成本吗?》,载《证券市场导报》2018年第4期。

〔5〕 Lisa M. Fairfax, *Shareholder Democracy: A Primer on Shareholder Activism and Participation*, Carolina Academic Press, 2011, p. 81.

司的主流选择,在2000年,大多数标准普尔500(S&P 500)公司存在交错董事会制度,而从2006年开始,标准普尔500公司则会每年通过股东大会选举多数董事。[1] 有学者通过研究发现,交错董事会制度的去除,与机构投资者参与目标公司治理直接相关。对冲基金参与目标公司治理较多时,发生去除交错董事会制度的提案较为频繁。同时,决定去除交错董事会制度的宣告产生了显著回报,而被对冲基金参与治理的公司回报最多。[2]

(2)关注公司外部问题的股东提案。对股东提案权进行规范的14a-8规则从诞生之初,便被视为社会公众对政治事项予以关注的有力武器,例如,在20世纪50年代,股东利用股东提案权引发了社会对于种族歧视以及种族隔离制度问题的重视。其后,还有许多股东通过提案要求公司从南非撤资以提高人们对种族隔离制度的关注。[3] 近年来,针对目标公司履行社会责任的提案不断增长,并且获得了大部分股东的支持。这些提案的内容主要包括下列事项:对气候变化事项的关注、目标公司的可持续发展,以及董事会多元化和非歧视政策的执行等,相关数据表明,对于公司可持续发展的提案在2009年获得了19%的支持率。[4] 近年来,对于公司外部问题进行关注的股东提案的持续性增长,很大程度上与机构投资者的影响力有关。一方面,一些以公益为宗旨设立的机构投资者,如各类慈善信托组织、基金会等,不仅通过持股特定目标公司实现财产的增值和保值;同时,它们也会根据自身的性质推进目标公司承担某些社会责任。另一方面,由于机构投资者是无数分散投资者的集合,因而与势单力薄的个人投资者相比,机构投资者的作用往往不容忽视,在这样的背景下通过股东提案的方式推动目标公司外部责任的实现,机构投资者往往具有无法比拟的优势。2020年,由著名的股东服务公司 Morrow Sodali 发布的

---

〔1〕 Lisa M. Fairfax, *Shareholder Democracy: A Primer on Shareholder Activism and Participation*, Carolina Academic Press, 2011, p. 81.

〔2〕 [美]迈克尔·克劳斯纳:《公司法和公司治理中的现实与幻象》,李诗鸿译,载《华东政法大学学报》2018年第3期。

〔3〕 [南非]SJ. 泰列伯兰奇:《迷失在转型中——1986年以来南非的求索之路》,董志雄译,民主与建设出版社2015年版,第260页。

〔4〕 Lisa M. Fairfax, *Shareholder Democracy: A Primer on Shareholder Activism and Participation*, Carolina Academic Press, 2011, p. 83.

《2020年度机构投资者参与公司治理报告》也指出"公司在可持续发展和气候变化战略进行披露和对话之于投资决策的重要性。大多数机构投资者将气候变化视为最重要的可持续性发展主题"。[1]

(3)其他的公司治理问题。其他的公司治理问题的提案主要包括三类:第一类为召开特别会议的提案。许多公司只允许董事或者持有特定份额股份的股东召开特别会议。在这种情况下,对股东的持股份额一般要求较高,通常为持有股份总数的25%左右。然而,大多数股东认为只要持股份额达到股份总数的10%就应当享有召开特别会议的权利,从而方便对重要的问题进行讨论,重要问题通常包括在每年的股东会外选举或者除名董事。在召开特别会议的问题上,机构投资者会对提议召开会议的股东的持股份额给予重点关注,例如,道富环球投资顾问曾经对上述阈值设置在25%或25%以下但不少于10%的股东提案进行多次赞成投票,而贝莱德投资则支持将阈值设置在25%或25%以下但不少于15%。[2] 第二类是取消绝对多数的提案。许多公司章程要求某些特殊的交易需要获得绝大多数股东的同意才能通过,持股份额通常需要达到股份总额的60%或75%,许多股东寻求通过提案的方式,要求公司修改章程中绝对多数的要求,以便他们更容易地对某些特殊的交易施加影响。第三类是涉及独立的董事会主席的提案。在公司内部治理问题中,股东一直寻求董事会主席的独立,并将其与公司首席执行官进行隔离,在公司设立独立的董事会主席这一职位。股东之所以进行这一提案的重要原因是防止董事会为首席执行官所控制,进而影响董事的独立判断,针对这一事项的提案近年来都获得了36%以上的支持率。[3] 值得注意的是,机构投资者虽然对目标公司的治理结构较为关心,但是对于独立董事会主席的提案会表现出不同的态度。一部分机构投资者反对独立董事会主席的提案,他们认为,这样会增加公司

[1] 《2020年度机构投资者参与公司治理报告》,载奇点财经网,https://sfl.global/news_post/2020niandujigoutouzizhecanyugongsizhilibaogao/,2022年1月29日最后访问。

[2] Yafit Cohn et al., *Special Meeting Proposals*, https://corpgov.law.harvard.edu/2016/09/02/special-meeting-proposals-2/.

[3] Lisa M. Fairfax, *Shareholder Democracy: A Primer on Shareholder Activism and Participation*, Carolina Academic Press, 2011, p. 81.

的运营成本，除非会积极促进股东的利益或者对管理人形成新的有效的监督；另一部分机构投资者虽然支持独立董事会主席的提案，但是它们认为在符合一定条件的情况下，独立董事所发挥的作用完全可以替代独立董事会主席。[1]

(二)股东投票权的行使

1. 股东投票权行使对参与目标公司治理的意义

股东投票权是非常重要的股东权利，是包括机构投资者在内的积极股东普遍使用的参与目标公司治理的有力武器。首先，股东投票权被视为董事权力合法化的基础。在英美法系公司的治理模式中，在董事会中心主义原则指引下，董事会直接任命经营公司的高管，并对公司日常事务享有决定和管理的相关职能。然而，董事会成员的任命实际上是由股东投票决定的，因此"股东对董事会成员任命的特权被视为董事会成员拥有的公司事务决定权的基础"。[2] 其次，在欧美国家中，公司治理丑闻的出现，通常被认为源于股东的利益与董事或者公司高管的利益不一致，因此产生了较高的代理成本。公司治理的相关制度也是为了降低此种代理成本，并且最大限度地使股东的利益和董事以及高管的利益保持一致。股东投票权制度设计的目的也在于服务上述的功能，股东通过行使投票权，间接地决定董事或其他高管的任命，从而迫使他们在作出相关经营决策时充分考虑股东的利益。最后，在董事会中心主义原则下，股东被禁止干预大多数董事的决策，尤其是那些涉及公司内部经营的相关事项。在这种情况下，股东投票权作为一种重要的机制出现，体现了股东对公司事务的关注。一旦董事接受(或反对)股东的某种建议，股东也会通过支持(或反对)某些董事或者高管作为董事或高管对股东建议有所偏好的回应。从这个角度来看，股东的投票权既为董事权力的存在提供了合法性基础，同时又保障了董事会权力的行使能够与股东的利益保持一致，最大限度地促进公司的良性发展。

---

[1] Yafit Cohn et al., *Independent Chair Proposals*, https://corpgov.law.harvard.edu/2016/08/22/independent-chair-proposals-2/.

[2] 郭富青：《公司法权形态二元配置的法理解析》，载《甘肃政法学院学报》2010 年第 2 期。

2. 股东投票权与其他股东权利的对比

(1) 与股东退出机制的对比

一般来讲，股东可以通过卖出相关目标公司的股票来表达对公司治理的不满。曾经有学者指出："机构投资者通常是非常无能的，它们很少有途径来表达对目标公司治理的不满，而只能选择卖出它们所拥有的股份，因此如果股东采用华尔街规则参与目标公司治理，通常称为股东消极或悲观的代替词。"[1]股东退出机制的使用存在一定的优势：首先，退出机制可以对董事会及高管形成较为严格的约束。股东退出机制迫使董事会成员或者高管谨慎对待公司相关经营事务，从而避免股东的退出，尤其是那些重要股东的退出。其次，就股东而言，退出机制的行使可以使他们选择具有更理想公司治理政策和程序的公司作为目标公司。

然而，与股东投票权相比，股东退出机制也存在无法回避的劣势。首先，对于一家治理低下的目标公司而言，股东采用退出的方式表达对目标公司治理的不满时，很可能会导致经济利益的损失，尤其对那些持股数量和比例较高的股东而言，盲目退出可能会引起股票价格的巨大波动，其带来的损失是不可估量的。其次，股东行使投票权通常会通过委托—代理书制度实现，这种制度的优势在于股东无须花费任何成本，并且他们也极可能通过股东投票来改善公司治理水平从而间接获得收益，这显然比退出目标公司既花费成本又造成财产损失具有吸引力。[2] 最后，退出机制实际上并非对所有股东都有效。对于持股较为集中的股东而言，退出伴随较高的交易成本；而对于持股相对分散的股东而言，退出某家公司也绝非易事，因为他们必须保持多元化投资的理念，而在这种理念的支配下，对他们选择目标公司形成了限制。[3] 基于上述原因，在普遍的情况下，股东通过行使投票权参与目标公司治理的积极行为，显

---

〔1〕 Brandon Chen et al., *The Wall Street Rule and Its Impact on Board Monitoring*, file:///C:/Users/admin/Downloads/SSRN-id3102146%20(1).pdf.

〔2〕 Lisa M. Fairfax, *Shareholder Democracy: A Primer on Shareholder Activism and Participation*, Carolina Academic Press, 2011, p. 31.

〔3〕 Lisa M. Fairfax, *Shareholder Democracy: A Primer on Shareholder Activism and Participation*, Carolina Academic Press, 2011, p. 31.

然比简单退出目标公司更加具有吸引力。

(2)与股东诉讼的对比

公司董事以及高管有维护公司利益,从事相关行为的忠实和勤勉义务,如果一旦董事及高管违反该义务,股东是唯一可以对其上述行为进行诉讼的主体。同时,如果董事及高管对其他相关法律规范有所违反,股东也可以进行诉讼。从诉讼手段设置的本质目的来讲,它是一种降低代理成本从而使股东以及董事、高管利益保持一致的重要工具。

但是,从实践角度来讲,这种工具却是极难驾驭的,股东对于诉讼权利的行使受到了包括程序和实体两个方面的限制。以美国股东派生诉讼为例,在联邦法律的规范下,股东若想提起股东诉讼,在程序上需要向目标公司进行申请,同时要求具有诉讼权利的相关公司机关放弃诉讼权利,这一系列复杂的诉讼程序降低了相关股东行使诉讼权利的意愿。另外,即使股东完成了上述程序性的要求,在实体法中规定的董事和高管抗辩的规定,也很难使董事和高管的责任得到落实,除非那些极为严重的状况发生,商业判断规则的使用会成为董事及高管责任承担的"防火墙"。即使在诉讼中最终判定董事及高管应当承担相应的责任,赔偿金、董事责任险以及相关的免责条款也会确保他们不会自掏腰包承担相应的责任,[1]尽管如此,依然有很多学者认为,股东对董事及公司高管进行的诉讼或者上述诉讼的威胁,可以起到一定的改善公司治理的作用,因为董事和高管会担心诉讼带来的名誉的损失而格外重视他们忠实和勤勉义务的履行。然而,诉讼带来的赔偿目的难以实现以及股东在时间和成本上的花费,使股东对通过诉讼手段参与目标公司治理望而却步。以迪士尼(Disney)公司的相关案例为例,因为公司相关高管违反了勤勉义务的规定,股东对其提出了派生诉讼,尽管花费了 8 年的时间进行上述诉讼,相关违规的高管仍然没有承担责任。[2] 与之相反的是,股东最终通过投票权的行使改变了

---

〔1〕 Ning Jia & Xuesong Tang, *Directors' and Officers' Liability Insurance*, *Independent Director Behavior*, *and Governance Effect*, https://papers.ssrn.com/sol3/papers.cfm?abstract_id=2552531.

〔2〕 [美]乔纳森·R. 梅西:《公司治理中的董事会案例研究》,董翔译,载黄红元、徐明主编:《证券法苑》第 15 卷,法律出版社 2015 年版。

迪士尼公司的治理,包括督促董事会主席辞职以及敦促公司采用多数表决制度,而这一切事项均在较短的时间内得以完成。[1] 基于股东诉讼存在的缺点,其不可能成为股东参与公司治理最主要的权利行使方式,至少在较长的一段时期内只能作为一种配合的手段存在。

(3)与公司控制权市场相比

很多学者认为,公司控制权市场的存在对董事和高管会形成强有力的约束,原因在于,如果管理层对公司经营不善,会导致公司的股票价格下跌,进而成为收购对象,一旦公司遭受到收购,表现不佳的管理层就会遭到替代。从这个观点上来说,只要有公司控制权市场的存在,董事和高管就不能忽视股东利益的存在,由于股东可以通过行使投票权来影响控制权交易的结果,因此控制权市场的影响力进一步加大。公司控制权市场的存在,降低了董事以及公司管理人员以牺牲股东利益为代价从而满足其个人利益的可能性,因而被认为是提升公司治理的有效机制。[2]

然而,实践的证据与理论研究中提出的假设则呈现相反的状态。理论上认为,在公司控制权市场中,那些治理状况不佳的公司往往较容易成为收购的标的,事实情况却是,收购者们的目光往往集中于那些表现良好的公司,并且对强大有力的管理层的兴趣也高于那些表现不佳的管理层团队。[3] 同时,在公司控制权收购市场的实际运行中,收购方必须向被收购方支付超过现有股价的合理溢价,因此,一个理性的收购者只会在收购后股价有显著提升的可能性时才会支付上述对价。基于这一理由,应当存在这样一种假设,只有当那些高管的行为足以导致股价剧烈下跌时,才可能被敌意收购者注意到,而事实的情况却是,大量的管理层的行为可能仅是不当的行为,实际上并没有严重到导致股价下跌。[4] 以上理由决定了公司控制权市场不能作为一个能够长期提升

---

〔1〕 叶保强:《企业伦理》(第3版),台北,五南图书出版股份有限公司2013年版,第169页。

〔2〕 Alvaro Cuervo, *Corporate Governance Mechanisms: A Plea for Less Code of Good Governance and More Market Control*, Corporate Governance 10, p. 87.

〔3〕 Lisa M. Fairfax, *Shareholder Democracy: A Primer on Shareholder Activism and Participation*, Carolina Academic Press, 2011, p. 34.

〔4〕 Lisa M. Fairfax, *Shareholder Democracy: A Primer on Shareholder Activism and Participation*, Carolina Academic Press, 2011, p. 34.

公司治理的机制存在,而只能作为其他治理机制的补充。

3. 股东投票权领域中出现的新问题

(1)涉及高管薪酬的投票

高管薪酬强制投票(say on pay)制度,是指股东会就公司经营报酬的相关事项表示赞成与否的相关投票,即要求公司于股东会会前告知高管经营报酬的相关事项,经股东会进行相关衡量后,采用投票表决的方式确定支持或者反对高管薪酬事项。股东决定薪酬制度最初始于英国,从报酬应当与绩效具有连接性出发,认为经营者受领报酬与其经营表现具有正向关系才被肯定为适当,倘若公司年度经营状况不佳,则经营者不宜继续受领高薪。[1] 然而,单纯依靠董事公平地评估高管的薪酬水平是不可能的,因为他们与管理层一样也是有偿劳动的提供者,因此他们缺乏相应的动力,而这一推断也得到了数据的证实:在标准普尔 1500 家公司中,63% 的首席执行官薪酬与绩效之间的一致性很低,而 60% 的董事薪酬与绩效之间的一致性较低。[2] 在这种情况下,由投资者监督董事及高管的薪酬无疑是最明智的也是最好的途径。美国立法者曾经在 2010 年制定的《多德—弗兰克华尔街改革和消费者保护法案》中增加了旨在规范全体上市公司高管薪酬的第 951 条,主要包括以下内容:首先,每 3 年或更短时间内,股东年会或其他会议代理、同意或授权的事项应包括由股东投票产生单独决议,决议的目的在于许可高管的薪酬;其次,每 6 年或更短时间内,股东年会或者其他会议代理、同意或授权的事项应包括由股东投票产生单独决议,决议的内容在于决定高管薪酬建议性投票的频率;最后,对高管的离职补偿,即“黄金降落伞”计划也应当进行类似的建议性投票。值得注意的是,上述建议性投票并不对发行者或者发行者的董事会具有约束力,不科以董事新的“受信义务”,也不约束或限制股东在涉及高管薪酬时对公司派发的代理材

---

〔1〕 周振锋:《美国 Say—on—pay 制度介绍与引进可行性之分析》,载《政大法学评论》2014 年第 137 期。

〔2〕 Stephen F. O'Byrne & Shareholder Value Advisors, *Say on Pay*: *Is It Needed*? *Does It Work*?, https://corpgov.law.harvard.edu/2018/01/25/say-on-pay-is-it-needed-does-it-work/.

料增加提议的能力。[1] 虽然该法的规定对高管薪酬的股东投票结果仅是建议性的,对公司和董事会没有形成实质的拘束力,但是,建议性的投票依然对薪酬委员会产生了积极和消极两个方面的极大影响。从积极方面讲,薪酬委员会可能会更加积极主动地听取股东的意见,将他们的意愿反映在高管薪酬的安排上;从消极方面讲,薪酬委员会可能会以股东大会的表决结果为借口,减免他们在制定高管薪酬时的终局责任。[2] 相关资料显示,在2011年,《多德—弗兰克华尔街改革和消费者保护法案》公布的1年后,绝大多数的上市公司的高管薪酬安排得到了大多数股东的支持。在超过2500家进行股东建议性投票的上市公司中,98.5%的公司获得了股东的支持,2012年的统计数值也没有任何本质上的变化。[3] 当然,也有学者认为,在上市公司进行的关于股东决定薪酬的相关投票中,绝大多数的投票质量较低。作为一种监督机制,股东决定薪酬投票的最大缺点是投资者将其绩效分析的报酬清晰地传达给他们投资组合的公司,以股东决定薪酬投票质量最好的十只基金之一的普信集团(T. Rowe Price)为例,它们也是以非常笼统的方式与其投资组合公司进行沟通。[4] 很明显,上述提升股东决定薪酬投票质量的工作,很难期待既缺乏资源又难以有足够的时间和精力的个人投资者完成,如果专业的机构投资者能够运用自己的专业能力证明有一个薪酬计划设计可以为绩效提供理想的薪酬,同时,可以阐明触发"不"投票的标准,无疑将对所投资的目标公司治理产生巨大的影响,使股东决定薪酬制度发挥更有效的功能。[5]

(2)绝对多数制

在多数的公司法律规范中,股东对于董事的选举会采用简单多数制,当选

---

〔1〕《多德—弗兰克华尔街改革与消费者保护法案》,董裕平等译,中国金融出版社2010年版,第479页。

〔2〕樊健:《美国上市公司股东的薪酬建议权初探》,载《环球法律评论》2012年第6期。

〔3〕Lisa M. Fairfax, *Shareholder Democracy: A Primer on Shareholder Activism and Participation*, Carolina Academic Press, 2011, p. 78.

〔4〕Stephen F. O'Byrne & Shareholder Value Advisors, *Say on Pay: Is It Needed? Does It Work?*, https://corpgov.law.harvard.edu/2018/01/25/say-on-pay-is-it-needed-does-it-work/.

〔5〕Stephen F. O'Byrne & Shareholder Value Advisors, *Say on Pay: Is It Needed? Does It Work?*, https://corpgov.law.harvard.edu/2018/01/25/say-on-pay-is-it-needed-does-it-work/.

董事只需要获得比他的对手更多的票数即可获得当选,而无须考虑保留票和反对票。[1] 例如,在一场无竞争的选举中,一名董事候选人只要获得了任何有利的选票,他就能当选,即使90%以上的股东投票反对。绝对多数制与简单多数制不同,采用绝对多数制意味着董事想要当选,就必须在无竞争选举中获得多数选票,这意味着候选人得到支持票必须多于反对票或保留票。在这种模式下,保留投票将直接影响选举结果,因此想要确保董事当选需要获得多数股东的支持。[2]

(3)代理权争夺

如果股东试图选举代表股东利益的董事,而股东提名的董事人选并不为大多数管理层支持,在这样的情况下,代理权的争夺就变得极其重要。代理权争夺是一种投票机制,按照这种机制,股东对董事或现任管理者或其他股东的提案进行投票表决。同时,基于这种机制,现任管理者和部分持异议股东通过分发竞争性的委托材料来积极收集不出席股东大会的股东的投票权,以增强对投票结果的影响力。[3] 代理权的争夺是股东最重要的武器,原因不仅在于股东可以通过代理权的争夺替换董事会的成员,还在于他们可以通过代理权的争夺取得目标公司的实际控制权,按照他们的意思对公司进行治理。[4] 通常来讲,代理权争夺的发起者可以是目标公司的股东,也可以是为了发起代理权争夺而获得股份的第三人。显而易见的是,一个股东或者股东以外的第三人拥有的股份数量越多,他所需要征集的代理权就会越少,而他取得成功的概率就会越大。

任何对于代理权的争夺必须满足法律的规定,这些规定要求发起代理权争夺的人必须拟定一份代理声明,这份声明被分发给被征集的股东的同时也会被提交给美国证监会。代理声明中必须包括公司的相关信息,比如,公司的

---

〔1〕 SEC, *Final Rule*: *Amendments to Rules on Shareholder Proposals*, https://www.sec.gov/rules/final/34-40018.htm.

〔2〕 SEC, *Final Rule*: *Amendments to Rules on Shareholder Proposals*, https://www.sec.gov/rules/final/34-40018.htm.

〔3〕 张爱侠:《股权结构对代理权争夺的影响及对策》,载《现代企业》2008 年第 2 期。

〔4〕 David Ikenberry & Josef Lakonishok, *Corporate Governance through the Proxy Contest*: *Evidence and Implications*, The Journal of Business 66, p. 405-407.

营业状况、特定的财务数据以及公司所提名的董事的相关情况等。对发起征集权的相关股东来讲,代理声明中还应当包括他们的以及他们所提名的相关董事的信息。代理声明中必须包括特定的投票委托卡,它仅是一种权利的象征,意味着被征集股东授予征集人可以向特定的董事提名人进行投票的权利,同时,也允许被征集股东在针对某一特定董事候选人时撤回他们的委托权。在代理声明中,不仅应当包括针对董事选举的相关事项,还应当包括在股东大会上进行投票决定的其他相关事项,被征集股东应当在投票委托卡上标明他们是否授权上述投票权,这种授权是同意、不同意或是放弃了对上述事项单独的表决权。值得注意的是,代理规则将10%以下股东的代理征集活动视为豁免事项,无须接受代理规则的调整。这种豁免规则意味着,股东可以进行不超出法律规范限度内的代理权的征集活动,而无须承担相应的成本。这样的规则对机构投资者来讲极为重要,因为它们通常持有大量的股份,这一规则意味着它们可以更加容易地发起代理权的争夺并且无须另外付出相应的成本。

(三)非法律手段的行使

机构投资者参与公司治理时会关心其所支付的成本与获得收益的比例,而这种比例会直接影响机构投资者参与目标公司治理的态度。与行使股东提案权、股东投票权以及直接进行诉讼等法律手段相比,机构投资者选择与目标公司及其高管进行私下协商解决他们所关心的问题,显然支付的成本更低,因此也受到机构投资者的青睐。私下协商是指机构投资者采用信函、电话、私下见面等非正式方式与目标公司就业绩、公司治理等问题进行沟通。[1] 与针锋相对的法律手段相比,通过沟通表达诉求从而解决问题不仅更容易获得目标公司管理层的接受,还有效地缓解了机构投资者与目标公司管理层之间的紧张关系,对双方来讲,这种方式既节约了大量的时间和金钱,也避免了目标公司股价的大幅度波动给外部投资者造成的利益损害。正如有的学者指出的那样:“对于机构投资者来讲,股东提案和委托书征集作为可信的威胁和

〔1〕 童卫华:《机构投资者与公司治理:新趋势和研究展望》,载《证券市场导报》2018年第6期。

最后的手段是必不可少的，但是这些手段可以备而不用，在一般情况下，机构投资者可以通过信件、拜访、电传、电话等方式和公司管理层进行私下接触和商讨，从而表达自己的意见和建议，进而避免和管理层进行昂贵的投票大战。”[1]

当一家机构投资者对某一目标公司的持股数量有限，单凭一个机构投资者的力量，很难引起目标公司对其治理意见的重视时，机构投资者会联合其他机构投资者，共同对目标公司进行治理，以满足其特定目的的实现。当然，这种情况可能仅限于公司股价持续大幅下降或公司发生重大危机。一般来讲，机构投资者采取联合行动，形成机构投资者联盟，需要机构投资者的数量一般为2～6家，持股的总数需占目标公司持股份额的20%～40%。[2] 在采取共同的行动之前，作为联盟成员的机构投资者之间会秘密进行联络和磋商，以便对目标公司采取一致的、可以对其治理产生较大影响的行为。[3] 例如，美国加州公共雇员退休基金曾经多次联合其他几个较大的公共养老基金共同向通用汽车公司的董事会发函，要求该公司的董事会对董事会主席的继任候选人的确定程序进行解释；美国大学教师退休权益基金号召20家大型养老金，在投票选举中反对柯达公司的3名董事；[4] 2019年，以软银为代表的机构投资者联合罢免了WeWork首席执行官亚当·纽曼（Adam Neumann），其后又促成了董事会对其发起内部的公司调查并拍卖相应的财产，引起了巨大的轰动。[5] 值得注意的是，机构投资者的联合行动会受到法律的严格约束，例如，美国证监会规定：“联合行动的多个股东如果持有一家公司发行在外的股份的5%，应当向证管会备案。”

---

〔1〕 Stuart Gillan & Laura T. Starks, *A Survey of Shareholder Activism: Motivation and Empirical Evidence*, https://papers.ssrn.com/sol3/papers.cfm? abstract_id=663523.

〔2〕 G. P. Stapledon, *Institutional Shareholders and Corporate Governance*, Clarendon Press, 1996, p. 80.

〔3〕 孙蕾：《机构投资者参与公司治理法律问题研究》，人民出版社2014年版，第176页。

〔4〕 封丽萍：《机构投资者的积极股东行为分析——从希尔斯百货董事会之争看机构投资者的作用》，载《商业经济与管理》2006年第4期。

〔5〕 《WeWork创始人纽曼人走茶凉：亲友团被清算，私人飞机被拍卖》，载腾讯财经：https://new.qq.com/omn/20190927/20190927A0CWDW00.html。

二、我国机构投资者参与目标公司治理权利的优化

(一)机构投资者提案权行使的规范及完善

1. 问题的提出

2010年,中国第一汽车集团公司(以下简称中国一汽)进行了重组改制工作,通过对其核心业务进行的资产重组设立了一汽股份有限公司(以下简称一汽股份),其后,一汽股份作出了五年解决同业竞争的不可撤销承诺。[1] 然而,在2016年6月4日,一汽轿车和一汽夏利同时发布公告称:"到目前为止,二者尚未履行解决同业竞争的承诺,恳请股东大会同意将承诺期延迟三年作为过渡期。"这一公告意味着中国一汽整体上市的计划将被无限期推迟,对广大投资者的利益造成了重大的损失。2016年6月5日,以私募基金明曜投资为代表的机构投资者展开维权行动,明曜投资在其网站上发出公开信,对延期要求表示坚决反对,并希望征集投票权,此后,明曜投资获得了比例超过3%的股东的授权。2016年6月16日,明曜投资通过多种方式向公司送达了其提出的临时提案。然而,在之后一汽股份发布的《提示性公告》中,明曜投资的提案直接遭到了公司的拒绝。上市公司给出的理由为:"行使临时提案权的股东合计持有的公司股份比例,不符合《公司法》及公司章程的要求,此次临时提案不能提交股东大会进行审议,上市公司也不能按照股东的要求,发布股东大会补充通知或对临时提案内容进行披露。"[2] 明曜投资作为机构投资者代表,采用股东临时提案权形式对目标公司治理参与的失败,意味着对股东提案权进行规范的法律规则存在一定漏洞。

2. 我国股东提案权法律规范的漏洞

在我国,涉及股东提案权的相关规定,主要体现在下列法律规范中。我国《公司法》第102条第2款对股东提案权进行了原则性说明,对适格股东条件

---

[1] 《一汽股份解决同业竞争将延后 阳光私募明曜投资欲联合股民投出反对票》,载证券时报,http://company.stcn.com/2016/0606/12745372.shtml。

[2] 孙宪超、张一帆:《一汽轿车:明曜投资临时提案无效》,载《证券时报》2016年6月22日,A07版。

以及行使的程序分别进行了规定："单独或者合计持有公司百分之三以上股份的股东，可以在股东大会召开十日前提出临时提案并书面提交董事会；董事会应当在收到提案后二日内通知其他股东，并将该临时提案提交股东大会审议。临时提案的内容应当属于股东大会职权范围，并有明确议题和具体决议事项。"在2016年9月30日发布的《上市公司章程指引》（已被修改）以及《上市公司股东大会规则》（已失效）中，又针对《公司法》中对股东提案权的原则性规定进行了详细说明，包括如下几个方面的内容：首先，对股东提案权的行使主体进行了细化，规定单独或者合计持有公司3%以上股份的股东是该权利行使的适格主体，持股比例的认定标准为普通股和表决权恢复的优先股。其次，对股东提案权行使程序进行了细化，规定适格股东应当以书面方式，在股东大会召开前规定的时间内将提案交由召集人，召集人也应当对提案的内容进行公告，并加以完整披露。最后，法律规范还对股东提案的内容进行了明确的规定，只要提案的内容符合法律、行政法规和公司章程的有关规定，并且属于股东大会的职权范围，有明确的议题和具体的决议事项，即可由适格股东提出。以法律规范所展示的详尽程度为视角观察，机构投资者完全可以利用股东提案权的规定，将其作为参与目标公司治理的手段，保护自身的合法权益。然而，实际情况却产生了一定的差距，除明曜投资的典型案例外，在前文表3－1提及的典型案例中，也仅有7个采用了股东提案权的方式，机构投资者较少采用股东提案权参与目标公司成为常态。股东提案权规范的法律漏洞主要表现为如下几个方面：

首先，对股东持股比例要求过高。股东提案权行使的主体，被限定为单独或合计持有公司3%以上股份的股东，且仅计算普通股和表决权恢复的优先股。这种持股比例的规定对机构投资者而言实属过高。以截至2019年第三季度A股机构投资者持股比例最高的五家公司为例（详见表4－3），可以看出在A股市场，即使机构投资者持股比例最高的五家公司，单个机构投资者持股超过3%比例的仅有安车检测一家。因此，若严格依照法律规范的要求，机构投资者以其所持公司股份单独行使股东提案权充满了困难。倘若机构投资者为满足提案权中对持股比例的要求，采用一致行动的方式进行提案，不仅有可能受到法律规范的限制，如进行相关信息的披露，而且会增加其参与公司治理的成本，即使机构投资者采用单独或者联合行动的方式进行了股东提案，该提案也存在被大股东否决的风险。出于上述理由，作为理性经济人的机构投资者自然会选择放弃采用股东提案权参与公司治理的方式，避免其付出的成本大于收益，机构投资者的行为受到理性冷漠的桎梏。

表 4－3 2019 年第三季度 A 股机构投资者持股比例最高的五家公司

公司名称	机构持股比例(%)(已流通)	机构数量(家)	单个股东持股超3%的机构数量(家)
安车检测	27.74	18	1
芒果超媒	21.44	81	0
泰格医药	42.39	172	0
亿联网络	11.09	50	0
捷佳伟创份	10.99	25	0

其次，对于股东行使提案权的费用问题缺乏明确规定。对机构投资者来说，参与目标公司治理的最大动力，源于其在从事相关行为中所获得的经济收益。可是综观我国法律规范中的相关条款，尚无行使股东提案权费用承担的相关规定。当这种现状导致机构投资者无力承担进行股东提案的成本，或者实际支出的费用大于收益时，便会对权利的行使抱有怀疑态度。

再次，议题适当性条件缺乏可操作性。《公司法》中概括性地规定了股东提案的正当性条件，要求股东进行提案的内容应当属于股东大会的职权范围，并有明确的议题和具体决议事项。根据《上市公司股东大会规则》和《上市公司章程指引》中的附加性规定，股东提案的内容还应当符合法律、行政法规和公司章程的相关规定。2018 年修订的《上市公司治理准则》依然沿用上述规定，其第 13 条规定："股东大会提案的内容应当符合法律法规和公司章程的有关规定，属于股东大会职权范围，有明确议题和具体决议事项。"这些法律规范的表述意味着，一方面，那些不在股东(大)会职权范围内的议题会被排除在外，如要求公司履行相关社会责任的议题有可能被排除提案的范围；另一方面，某些公司还可能依据该条款的内容，将不符合本公司章程规定的股东提案排除在外,而实际提案的相关内容对公司及股东的影响甚巨。根据学者的相关统计,2006~2008 年沪深两市中股东提案被董事会以不适当性排除的就达到 21 项,[1] 严重地影响了中小股东提案权的行使,这样的法律规定似有画蛇添足之感。

最后,股东提案被排除缺乏相应的救济程序。股东提案权没有得到机构投资者广泛使用的最后一个原因还在于,当股东与公司就股东提案是否应当被排除发生争议时,股东缺乏相应的救济程序。在我国,当股东提案权的行使具有瑕疵而应当被排除时,法律规范并未对股东的救济程序进行明确的规定,中小股东常常申告无门。例如,明曜投资的案例便是典型的代表。在上市公司拒绝明曜投资的股东提案后,尽管明曜投资也公开表示可能会采取诉讼等方式维护自己的权利,然而由于缺乏相应的法律依据,并无后续的相关行动。很多学者认为,这类争议可以援引《公司法》第 22 条的规定,可以要求法院以股东大会的召集程序存在瑕疵为由对股东大会决议予以撤销。然而,此种方法的缺陷在于:一方面,即使股东大会决议被撤销,也不能确保股东在行使提案权过程中的正当权利诉求一定能够得到实现;另一方面,如果法院裁决撤销股东大会决议,就意味着公司还要再次履行召开股东大会程序,股东还要支付参加大会的费用,间接负担公司筹备会议的费用以及其他各种经济支出。因而,采用这样的诉讼方式无论是对公司还是对股东,均存在程序烦琐、成本高昂且效率低下的严重问题。[2]

由于我国法律规范中对行使提案权的股东持股比例规定过高,对费用承担问题尚缺乏明确的规定,同时,当股东提案被股东大会召集人以缺乏可操作性的法定事由排除时,又没有相关的救济程序,因而导致了以机构投资者为代表的中小股东行权不畅。股东提案权在我国一直得不到有效的利用,以一汽集团与私募基金明曜投资相关纠纷为代表的典型案例,体现了机构投资者参与目标公司治理易于采用股东提案权的倾向,也充分暴露了由于法律规范的

[1] 李荣:《股东提案制度绩效实证分析——以沪深两市上市公司为例》,载《四川教育学院学报》2010 年第 3 期。

[2] 刘胜军:《论我国上市公司股东提案权——以美国法为借鉴》,载《河北法学》2016 年第 9 期。

漏洞造成机构投资者行权困难的问题。

3. 股东提案权法律规范的完善

为保护以机构投资者为代表的中小股东的合法权利，鼓励其参与目标公司治理，在借鉴其他国家法律规范的基础上，我国未来的立法可以在如下几个方面对股东提案权进行完善。

(1)降低股东提案权行使的持股比例要求

法律规范应当适当降低持股比例的要求，保障以机构投资者为代表的中小股东行使股东提案权的需求。在域外其他国家的法律规范中，对股东提案权的行使包括对持股条件以及持股期限在内的两个方面的资格限制，不仅保护了股本数巨大的上市公司的股东提案权的行使，也防范了股东提案权被滥用，确保对公司拥有长期利益的股东能够被允许行使提案权。如果依据我国现行的法律规范：任何股东只要符合法律规定的持股数量的要求，无论其持股期限的长短均可以提出议案。这样的做法无疑助长了利用股东提案权的行使操纵证券市场交易机会的行为，海润光伏案、泽熙投资案都是典型的案例。[1] 因此，法律应当在降低持股比例限制的同时，增加持股期限的规定，将股东提案权的行使赋予那些真正关怀公司治理、关注公司长期发展的股东。

(2)明确行使股东提案权的费用由公司承担

1942 年，在美国证监会首次颁布的 14a－8 规则时，就明确规定股东不必单独进行委托书征集，从而为自己提出的议案争取股东支持。相反，他们可以通过行使提案权的方式，要求公司将他们的提案纳入委托书材料，提案股东利用公司委托书对其他股东进行游说，从而使其议案能够取得其他多数股东的支持。这意味着，股东行使提案权的费用将由公司承担，这也是机构投资者乐于采用股东提案权方式参与目标公司治理的重要原因。为了激发以机构投资者为代表的中小股东采用股东提案权方式参与目标公司治理的热情，我国法律中应当明确规定股东行使权利的费用由公司承担。

---

〔1〕 刘胜军：《论我国上市公司股东提案权——以美国法为借鉴》，载《河北法学》2016 年第 9 期。

(3)明确股东提案内容的适当性标准

为了增强法律的可操作性,以便对股东提案进行适当性审查。这样的做法,一方面,防止在股东提案权行使过程中机会主义行为的发生;另一方面,也限制了股东大会召集人的审查权,防止其滥用权力,保护了以机构投资者为代表的中小股东的合法权利。从前文的讨论中可以看到,美国 14a-8 规则中明确规定的可排除事由达到 13 项之多,董事会一旦发现股东提案中出现上述规定中的可排除事由,即可开始相关的排除程序,股东并没有相关纠正程序可对提案内容进行变更。在我国未来的立法中,也可以参考其他国家和地区的法律规范,既要明确规定涉及公司社会责任的议题可以作为股东提案的内容,以便股东督促公司履行社会责任,同时也应当明确可排除提案的具体事项,避免一些股东提出不适合审议的议案,或者提出过多提案。

(4)应当明确侵害股东提案权的救济手段

如果股东提案权受到以董事会为代表的股东大会召集人的侵害,法律必须为提案权人设置合理的救济路径,体现有权利必有救济的立法精神,维护股东提案权的行使。目前,对股东提案权提供救济在我国的法律规范体系内尚存空白。

(二)机构投资者董事提名权行使的规范及完善

1. 问题的提出

2013 年,上海家化前董事长离职后,新董事长人选一直悬而未决,严重影响了公司的发展。2013 年 10 月,上海家化发布公告称:"第一大股东家化集团发出董事候选人提名函,提名谢某某作为董事候选人。"因为谢某某为第一大股东提名,所以很多人猜测谢某某将成为上海家化新任董事长之候选人。然而,根据谢某某之前的履历,其实际上没有日化行业经营的相关经验,基于此种理由,他是否能够有效地履职引起了较大的争议。[1] 2013 年 10 月 18 日晚,上海家化突然发出公告称:"在当日收到包括易方达、汇添富在内的机构投资者的共同来函,提出上海家化董事会人数应当有所增加,同时推荐曲某某为董

---

〔1〕 王炯业:《上海家化董事人选之争暂息》,载搜狐网,http://roll.sohu.com/20131031/n389285176.shtml。

事候选人。”机构投资者提出的理由有二：首先，曲某某曾任上海家化总经理，对业务相对熟悉，因此会对公司整体决策有所帮助；其次，曲某某进入董事会有利于平衡平安信托在董事会独大的局面，有利于改善公司治理环境。[1] 2013 年 10 月 29 日，上海家化召开了第五届六次董事会，谢某某、曲某某两位董事候选人均获董事会通过。上海家化之争中机构投资者对董事提名权的充分运用，体现了他们在处理上市公司治理重大事宜的问题上正在逐渐摆脱传统的“沉默者”角色，以更加积极的姿态参与上市公司的治理。

2. 传统董事提名权的规定

(1) 大陆法系和英美法系对董事提名权的不同规定

基于公司治理结构模式的不同，以德国为代表的大陆法系和以美国为代表的英美法系对于董事提名权的规定，展示了完全不同的立法态度。在德国的相关法律规范中，股东对于董事的提名有相当大的自主空间，每个股东无论持股多少，均有机会提出理想的名单，与董事会提名名单具有同样的地位，且有学者指出，其优先表决的制度可借由少数股东提名权所形成的时间优先之规定，强制所有股东先听取少数股东之提名意见，而不致因先表决公司机关之提名名单而使得少数股东所提名之候选人根本失去当选之机会。在以美国法为代表的英美法系中，由于公司的经营事务完全掌握在董事会手中，因此董事的提名权亦由董事会掌控。英美法系国家通行的做法是：董事提名委员会就空缺董事进行提名，并于公司股东大会上进行选举。在股东大会召开之前，由公司派发的委托书材料中通常包括被提名董事的相关信息以及对相关投票程序的说明，委托书材料将会提交给所有的股东。如股东无法亲自参会，代理投票卡的使用也可以使其在不参加会议的情况下选举董事。[2]

(2) 在机构投资者推动下增订的 14a－11 规则

2008 年以后，随着国际金融危机的爆发，美国上市公司高管与股东之间的矛盾日趋激烈，越来越多的机构投资者要求进行董事提名的改革，从而实现机

---

〔1〕 丁宁：《参与上市公司治理再发声　三基金联袂提名新董事》，载搜狐网，http://fund.sohu.com/20131021/n388559504.shtml。

〔2〕 李诗鸿：《从“美国证监会 14a－11 规则无效案”看董事提名权改革》，载《法学》2013 年第 5 期。

构投资者对特定目标公司的监督职能。为了满足机构投资者日趋强烈的要求,美国证监会于 2009 年 6 月发布了《促进股东提名董事规则》草案并增订 14a-11 规则。14a-11 规则规定:“在公司注册地的州法或者公司章程不禁止的情况下,符合条件的股东可将其提名的董事候选人纳入公司委托书中,以实质性地参与董事的提名与选举。”[1] 为了配合 14a-11 规则的行使,美国证监会还修订了 14a-8 规则中的适当性排除规则,即“在不违反 14a-11 规则和相关州法规的前提下,股东提案中涉及董事提名及选举程序的事项,公司不得以缺乏适当性为由进行排除”。2010 年,在《多德—弗兰克华尔街改革和消费者保护法案》的授权下,美国证监会正式通过 14a-11 规则的修订,允许股东使用公司委托书提名董事。

值得注意的是,2010 年 9 月,美国商会和商业圆桌会议将美国证监会诉至美国哥伦比亚特区巡回上诉法院,请求法院判决 14a-11 规则无效。它们的理由是:14a-11 规则的适用对经济可能造成巨大影响,而作为监管机构的美国证监会对该规则的通过并未加以合理评估,违反了美国《行政程序法》的规定。2011 年 7 月 22 日,哥伦比亚特区联邦上诉法院依据联邦行政程序法规定,宣告 14a-11 规则的制定程序违法,美国证监会对该规则的审查不够审慎、不尽合理,因此宣告其无效,其后美国证监会也并未对判决结果提出上诉。虽然机构投资者大力倡导应当通过股东权利的扩张积极参与公司治理,但这样的判决结果意味着,机构投资者的力量虽然足够强大,但是作为股东的他们依然无法完全撼动美国传统的董事会中心主义,机构投资者只能在董事会中心主义既定命题的前提下,参与公司治理,尽可能地起到提高公司治理效率的目的。

3. 我国董事提名权法律规范的不足

我国对于如何进行董事提名没有相关规定。证监会 2001 年发布的《关于在上市公司建立独立董事制度的指导意见》(已失效)对可以提名独立董事候选人的股东资格进行了规定:“上市公司董事会、监事会、单独或者合计持有上

---

[1] 伍坚:《美国法中股东提名董事制度研究》,载《证券市场导报》2014 年第 2 期。

市公司已发行股份1%以上的股东可以提出独立董事候选人,并经股东大会选举决定。”然而,对于非独立董事的提名要求,则未置一词。为了弥补这一不足,有学者提出,可以将《公司法》第102条股东提案权的规定,作为股东行使董事提名权的法律依据,依照该条款的相关规定,可以进行董事提名的适格股东,应当在股东大会前的特定时间内,将董事候选人名单书面提交董事会,这种处理方式被许多人认同,他们认为这样简洁明了。

以股东提案权替代董事提名权存在不足之处,具体表现在如下几个方面。首先,根据前文对股东提案权的分析,股东提案权的内容涉及的范围非常广泛,股东可以进行提案的内容囊括了所有股东大会职权范围内的议题。与此相较,董事提名权行使的内容,针对事项较为单一。其次,如果简单采用股东提案权替代董事提名权,许多公司就可以利用法律规定的不足,通过公司章程的规定限制中小股东行使董事提名的权利。例如,有许多上市公司对董事提名权的行使,设置了股东持股比例和持股期限的双重要求,在大港油田收购爱使股份案件中,爱使股份在其章程中设置的反收购条款规定,股东提名董事必须持股10%以上,且持股期限达到半年以上。[1] 有观点认为,此类由公司章程限制股东的董事提名权与《公司法》第102条的规定相冲突,因此应当被认定为无效,但是,事实上公司并未剥夺股东提案权,只是将提名董事的股东资格加以限制,从立法解释论的角度来说,是否只因与《公司法》的规定发生冲突而应被视为无效,也是值得深思的。最后,如果按照《公司法》第102条之规定,认为持股3%以上的股东有基于提案权的规定提名董事的权利,那么,假若一个公司股权高度分散,理论上至少有33名股东具有提名权,即使每个股东只提名1位董事,也会有33位董事候选人,但一般上市公司董事的人数为9个或11个,名额有限,如果这些股东将提案放到不同的股东大会上进行表决,究竟哪个议案先表决,是先到先得吗？法律规范在这方面也是空白的。[2]

---

〔1〕 吕红兵、徐晨:《大港油田收购爱使股份的操作实录与法理探析》,载《中国律师》1999年第6期。

〔2〕 熊锦秋:《尽快完善董事提名选举制度》,载《证券时报》2014年9月19日,A08版。

4. 机构投资者行使董事提名权法律规则的设计

2018 年修订的《上市公司治理准则》第 79 条明确规定:“机构投资者依照法律法规和公司章程,通过参与重大事项决策、推荐董事、监事人选,监督董事、监事履职情况等途径,在上市公司治理中发挥积极作用。”其中,推荐董事人选即含有进行董事提名之意义,然而上述准则并未指明该权利运用的具体程序。因此,在我国未来法律规范进一步完善过程中,应当建立董事提名权制度,一方面,可以弥补目前股东利用股东提案权制度进行董事提名的不足;另一方面,还可以增强以机构投资者为代表的中小股东参与董事提名的积极性,不断地提高我国上市公司董事会的独立性和有效性,间接促进目标公司治理效率的提升。

(1)应当对提名股东的资格进行认定

在我国,以机构投资者为代表的持有 3% 以上股份的中小股东并不占多数。根据独立董事提名制度多年的运作经验来看,也极少有中小股东对独立董事进行提名,截至 2018 年 11 月底,通过对进行独立董事提名、选举的沪深两市 19 家公司的调查发现,独立董事均由董事会或提名委员会进行提名,中小股东没有进行一次提名。因此,法律若对董事提名权的行使设置过高的持股比例要求,必将导致权利行使的障碍,违背了防止权利滥用的设计初衷。因此,在未来的法律规范中可以将行使股东的持股数量限制为 1%,这样既能够防止权利滥用,又实现了董事提名权的行使帮助中小股东维护合法权益的目的,也能够使其与现有独立董事的提名权规范保持一致。值得我们注意的是,与独立董事相比,董事拥有更多的公司经营管理权。因此,法律规则的设计应当保障那些关心公司长期发展的股东代言人进入董事会,防止在参与公司经营过程中机会主义行为的发生。因此,有必要对股东的持股期限作出限定,鉴于我国目前资本市场的实际运作状况,可以规定行使董事提名权的适格股东 6 个月至 1 年的持股期限。

(2)应当对被提名人资格进行适当的规定

为了保障董事会的独立性,14a - 11 规则特别对被提名人资格作出了规定,其中包括两个方面的内容:一方面,被提名人不得违反相关法律及规则的禁止性规定，如公司注册地的州法、联邦法等；另一方面，为了避免利益冲突，禁止被提名人与公司及管理层之间存在特定关系或协议，但是，对提名股东与被提名人之间的关系并不限制。[1] 在我国，由于股权结构的特殊性，董事会往往由具有绝对控制权的大股东掌控，因此，董事提名权制度的设计，目的之一就是平衡具有绝对控制权的控股股东与其他中小股东之间的利益关系，董事会中要有中小股东选举的代言人。基于这一理由，法律规则不宜对被提名人资格加以过多的限制进而导致董事提名权制度的功能无法实现，只要被提名人不违反《公司法》第146条董事资格的禁止性规定，即应当获得提名。

(3)应当对董事提名的人数进行规定

格力电器在2012年5月进行董事会选举时，第一大股东珠海格力集团(持股份额18.22%)推荐了四位候选人，而第二大股东河北京海担保投资公司(持股份额9.38%)，仅推荐了一位候选人，以耶鲁大学、鹏华基金为代表的机构投资者则以合计持股3%的份额，推荐了一位候选人。[2] 在选举当时，就有包括机构投资者在内的诸多中小投资者提出了下列质疑，首先，第一大股东持股数量未达到绝对控股的标准，为何能推荐四人进入董事会？其次，第二大股东却仅能推选一位候选人，其法律依据何在？提出这些质疑的原因在于，法律规范中缺乏对董事提名人数的具体规定，这一漏洞导致在我国股权相对集中的公司治理实践中，大股东推荐的人员占据了董事会的大多数席位，而这些人大多为控股股东利益的代言人，董事会变成了大股东的附庸，成为徒有虚名的橡皮图章。为了解决这一问题，我国未来的法律规则中可以对股东提名人数加以规范。《公司法》第108条对股份有限公司董事会人数的规定大多以5～19人为限，但是，为了决策便利之需求，多数上市公司的董事会成员安排7～9人，在满足其1/3成员为独立董事的情形下，董事会其他成员为4～6人。因此，规定股东提名人数较好的做法是，允许符合条件的股东提名1名以上的董事候选人。同时，为了防范大股东滥用权利，应当单独规定持股达到一定比例的股东

---

〔1〕 伍坚：《美国法中股东提名董事制度研究》，载《证券市场导报》2014年第2期。

〔2〕 熊锦秋：《上市公司董事提名机制不能再模糊下去了》，载《上海证券报》2012年6月1日，F07版。

提名人数有最高数额的限制，例如，单独或合计持有5%股份以上的股东提名候选人不得超过3名。[1] 这样既维护了中小股东选任董事的权利，又保障了董事会相对的独立性使其不为大股东所控制。

（4）董事选举制度与董事提名权制度应当配合

董事提名权制度的使用，在于使以机构投资者为代表的中小股东能够参与公司治理，维护自身合法权益。因此，如何使他们提名的董事人选顺利进入董事会，为维护他们的权利建言发声，则是更为关键的一步。在选举的过程中，保证机构投资者能充分使用累积投票制，具有非常重要的意义。累积投票制与非累积投票制相对，是指在股东大会选举董事或监事时，股东所持的每一股份都拥有与股东大会拟选举的董事或监事数量相等的投票权，股东既可以把全部投票权集中选举一人，亦可分散选举数人，最后按得票多寡决定当选董事或监事。[2] 累积投票制最重要的目的是帮助缺少话语权的中小股东，可以按照他们维护自我利益的选择，将可能代表他们利益的人选成功送入公司董事会或监事会，从而平衡大股东与小股东之间的利益关系。

由此可见，两只基金均将自己拥有的投票悉数投给了冯某，加之其他中小股东的投票，确保冯某最终进入董事会，累积投票制的使用是机构投资者获得董事选举最终胜利的关键性因素。2002年，证监会与当时的国家经济贸易委员会共同发布了《上市公司治理准则》，首次对累积投票制进行了规范。其后，2004年颁布的《关于加强社会公众股股东权益保护的若干规定》再次强调要积极推行累积投票制。2005年修订的《公司法》在第106条正式对累积投票制进行了规定，使这一制度上升到法律层面。然而，根据《上市公司治理准则》的规定，累积投票制的强制适用对象为单一股东及其一致行动人拥有权益的股份比例在30%及以上的上市公司，对非上市公司及有限责任公司则不具有强制性，基于此种理由，实际上绝大多数公司可以通过章程、公司决议排除累积投票制的适用。当年的格力电器也只是在章程中规定："累积投票制可以适用于董事选举。"因此，为了使累积投票制得到更为广泛的适用，从而维护以机构投

〔1〕 张舫：《上市公司章程中董事选任条款的有效性分析》，载《法学》2009年第1期。
〔2〕 刘俊海：《现代公司法》（第2版），法律出版社2011年版，第374页。

资者为代表的中小股东的权利，我国应该采用强制性的立法规则，确定上市公司选举董事、监事累积投票的适用具有强制性。

（三）机构投资者临时股东大会召集请求权行使的规范及完善

1. 问题的提出

2011 年 12 月 7 日，重庆啤酒公布了以北京大学人民医院为主要研究者的统计结果，其结果显示的“无差异性”正式宣告重庆啤酒历时 13 年的乙肝疫苗研究失败。此结果一经公布，重庆啤酒股价直线下跌，市值在短短 10 天内蒸发 250 亿元。在重庆啤酒股价下跌的过程中，大成基金管理有限公司（以下简称大成基金）由于过度重仓持股重庆啤酒，损失惨重。2011 年 12 月 20 日，重庆啤酒发布第六届董事会第十六次会议决议公告，称大成基金行使临时股东大会召集请求权并提出审议免除相关董事议案。[1] 公司董事会按照公司章程的相关规定，同意机构投资者的请求，并将相关议案按照《公司法》的程序要求进行提交。2012 年 12 月 8 日，股东大会如期召开。会议召开当日，共有包括大成基金在内的 70 名股东到场，代表 2.6659 亿股，占总股份的 54.87%。[2] 会上，大成基金首席投资官主动发言，解释了大成基金提出议案的理由。在这次临时股东大会上，大成基金免除相关董事的最终目的虽然未能实现，但是其通过行使临时股东大会召集请求权维护了自身合法权利，该事件被视为机构投资者参与目标公司治理、提升公司治理效率的经典案例。

2. 我国临时股东大会召集请求权法律规范的不足

按照公司机关制度设计理念，股东大会是行使公司决策权的最高权力机关，因此股东大会应当充分体现股东民主的精神，民主的意蕴包括股东大会的召集民主。按照《公司法》第 101 条的规定，董事会享有股东大会的召集权，而董事长享有主持权。这样的规定经常会导致股东大会被大股东和作为其代表的董事会垄断，因此，股东拥有的临时股东大会召集请求权具有打破董事会独

---

〔1〕 范彪：《大成基金提议罢免重庆啤酒董事长》，载《证券时报》2011 年 12 月 21 日，A01 版。

〔2〕 庞倩影：《大成罢董议案失败　逼宫或是大举减持的烟雾弹》，载新快报网，http://fund.eastmoney.com/news/1590,20120208190248111.html。

家垄断的积极意义。[1] 此外,临时股东大会的一项重要职能是监督、制约甚至罢免董事、经理等公司高管,审议董事竞业许可、自我交易等异常事项,[2]可以确保股微言轻的中小股东的合法利益不受侵害。临时股东大会召集请求权是机构投资者参与目标公司治理、提升公司治理效率的重要手段。我国《公司法》第 100 条第 3 项规定,单独或合计持有公司 10% 以上股份的股东提议召开股东大会,公司应当在 2 个月内召开临时股东大会。可见,与其他国家和地区的立法一样,我国《公司法》将临时股东大会的召集请求权视为少数股东权,其目的是避免股东大会成为董事会及其所代表的大股东的“一言堂”。然而,现实情况是,在 2016 年公布的包括格力电器、万科 A 以及比亚迪等 20 多家上市公司公告的样本显示,其召开的临时大会均由董事会召集并主持,无一家上市公司的临时股东大会是单独或者合计持有公司 10% 以上股份的股东请求召开的,制度设计的目的并未实现,临时股东大会召集请求权的制度设计可能还存在一定不足,导致权利行使存在障碍。

首先,法律对行使临时股东大会请求权股东持股数量要求过高。各国法律规范均对行使临时股东大会请求权的股东进行持股比例的要求。以美国和英国为代表的英美法系国家和地区,将持股比例限制在 10% 。以德国和日本为代表的大陆法系国家和地区则要求相对较低,德国规定为 5% ,日本规定为 3% 。根据我国的法律规定,提议召开临时股东大会的股东,单独或者合计持有公司股份比例须达到 10% 。但是这一规定在实际运行中存在一些问题,在我国上市公司中,即使公司股权处于相对分散的状态,大股东未达到绝对控股的持股比例,中小股东单独或者合计持有 10% 的持股比例也是一个相当大的数目。本书分别选取了荣华实业(股票代码:600311)、国瓷材料(股票代码:300285)、海润光伏(股票代码:600401)、格力电器、万科 A 作为样本进行研究。这五家上市公司的特点均是股权结构相对分散,第一大股东持股不超过 20%。通过对五家公司的股东进行分析后会发现,尽管公司股权结构较为分散,第一

[1] 刘俊海:《股份有限公司股东权的保护》,法律出版社 2004 年版,第 285 页。
[2] 王彦明、贾翱:《论股东的临时股东大会召集请求权——兼论中国相关公司立法的完善》,载《社会科学战线》2010 年第 5 期。

大股东持股也尚未达到绝对控股标准,但是,除第一大股东外,尚无股东持股份额达10%以上。因此,我们可以这样理解,如果行使临时股东大会召集请求权的股东持股份额被限定为单独或者合计持有10%的股份,这样的请求权远非中小股东的权利,而是大股东的权利,这也是在现实中中小股东权利运作产生阻碍的重要因素。其次,对临时股东大会召集请求权行使程序缺乏相应规定,我国《公司法》第100条第3款的规定是原则性的,缺乏细则性的权利行使程序的规定,导致该权利在行使过程中产生了许多问题,诸如在董事会拒绝召开临时股东大会的情况下,是否允许中小股东自行召集主持,以及临时股东大会召集费用的承担问题。权利行使程序的模糊,造成了权利行使的障碍。

3. 临时股东大会召集请求权法律规范的完善

我国未来的法律规范修订中,应当对临时股东大会召集请求权的各项法律规范进行完善,从而发挥该项权利在维护以机构投资者为代表的中小股东在参与公司治理、维护股东权利方面的重要作用,包括如下几个方面的内容:

(1)适当降低股东行权持股比例要求

鉴于目前我国立法实践中,对行权股东持股比例要求过高,阻却了权利的行使,因此,在法律规范的修订中,应当适当降低持股比例的要求,设定5%或者3%的阈值是合理的;同时,在计算公司发行的股份总数时,零股、无表决权股、公司自己的股份以及公司相互持有的股份等均不能进行计算。[1] 与其他权利的行使原则相一致的是,在制度设计时既要考虑权利行使的便捷,也应当防止权利的滥用。因此,应当规定行权股东的持股期限,将权利的行使交给那些真正关注公司长期发展的股东,根据我国目前资本市场的现状,可以将持股期限设计为6个月。基于上述两个方面的考量,临时股东大会请求权的适格股东应为:请求召开股东大会之日起6个月前连续单独或者合计持有公司5%(3%)以上股份的股东。

(2)对行权的具体程序作出明确的规定

法律规范中对权利具体的行使程序缺乏明确规定,导致权利行使存在障

---

[1] 刘俊海:《股份有限公司股东权的保护》,法律出版社2004年版,第289页。

碍,因此应当在未来的立法中明确规定行使权利的具体程序。2016 年中国证监会修订实施的《上市公司股东大会规则》中第 9 条、第 10 条对临时股东大会召集请求权具体的行使程序进行了详细的规定。同时,第 8 条第 3 款以及第 9 条第 5 款分别规定,“董事会不同意召开临时股东大会,或者在收到提议后 10 日内未作出书面反馈的,视为董事会不能履行或者不履行召集股东大会会议职责,监事会可以自行召集和主持。”“监事会未在规定限期内发出股东大会通知的,视为监事会不召集和主持股东大会,连续 90 日以上单独或者合计持有公司 10% 以上股份的普通股股东(含表决权恢复的优先股股东)可以自行召集和主持。”第 12 条又明确指出:“监事会或股东自行召集的股东大会,会议所必需的费用由公司承担。”这些规则极大地满足了以机构投资者为代表的中小股东权利保护的需要。然而,以中国证监会为立法主体的行政规章立法效力层次较低,并且适用范围也只限于上市公司。因此,在今后的立法修订中,还应当将实施细则的相关规定上升至法律层面进行调整,并适用于所有的公司类型。

(四)机构投资者表决权行使的规范及完善

1. 问题的提出

2015 年 6 月,宝能集团通过由其绝对控股的保险公司前海人寿开始建仓万科股票,截至 2015 年 7 月,前海人寿共计持有万科总股本的 5%。其后,宝能集团又通过其绝对控股的钜盛华自二级市场内购入万科总计 4.07% 的股本,自此宝能系持有的万科股票高达 10%,其正式成为万科第一大股东。2016 年 4 月,根据万科的公告披露,公司股东钜盛华将其持有股份对应的表决权全部不可撤销地、无偿地让渡给前海人寿。根据两者成立的有效协议,前海人寿有权行使钜盛华直接持有,或通过资管计划控制的万科股份所对应的股东大会全部表决权,前海人寿有权在协议约定的范围内按照自主意愿依法行使相关权利,无须钜盛华另行授权。[1] 2016 年,在万科召开的年度股东大会上,前海人寿及其一致行动人对董事会报告、监事会报告以及审计财务报告均投出了反对票,表达了对万科治理现状的不满。其后,万科管理层公开对钜盛华转让

[1] 华生:《万科模式:控制权之争于公司治理》,东方出版社 2017 年版,第 123 页。

表决权是否有效，以及9个资管计划让渡投票权的合法性前提提出了质疑，"宝万之争"陷入了最为激烈的阶段。从上述案例中我们可以感受到，股东表决权是机构投资者参与公司治理、改变公司治理现状的重要方式。然而，当股东表决权的行使主体由个人股东向机构投资者发生转变时，法律规范的空白则导致了权利行使的过程中的障碍。

2. 股东行使表决权的意义及法律规范

(1)行使表决权是股东参与公司治理的重要手段

股东表决权是基于股东地位而享有的，是股东就股东大会决议事项作出一定的意思表示，从而将股东个人意志上升为公司意思的权利，股东表决权制度在现代公司治理中具有极其重要的地位。在现代公司中，公司的所有者通常与公司经营者在权力上处于分离的状态，在这种权力分离的过程中，一方面，股东表决权维系着公司所有者与经营者的关系，控制着经营者的权力；另一方面，股东表决权也是代表不同利益群体的控股股东与中小股东争夺公司控制的工具。[1] 表决权所具有的这种属性，也使其成为机构投资者参与目标公司治理，提升公司治理效率的重要工具，近年来，美国教师保险及年金协会通过诸如征集委托书等间接和直接投票的方式要求总裁报酬采取股东咨询性投票的股东提案支持率超过了95%，包括先锋(Vanguard)、富达(Fidelity)在内的一些居首基金家族也将表决权保留下来，自己审视、决定委托书归属。

(2)我国法律中关于股东表决权的规定

我国《公司法》对股东表决权按照公司的不同类型进行了规定。《公司法》第42条、第43条对有限责任公司股东投票权进行了原则性的阐述，规定股东行使表决权的依据为股东的出资比例，但是公司章程可以进行例外规定，同时，针对某些特殊事项，例如，股东修改公司章程、增加或者减少注册资本的决议等必须经代表2/3以上表决权的股东通过。股份有限公司的股东表决权则在第103条进行了规定，股东所持的每一股份具有一个表决权，若想获得决议事项的通过，必须经股东所持表决权过半数同意。对某些特殊事项，必须经出

[1] 梁上上：《股东表决权：公司所有与公司控制的连接点》，载《中国法学》2005年第3期。

席会议的股东所持表决权的2/3以上通过。在股东投票权的规定上,尽管有限责任公司可以在章程中约定不同的规则,充分表现了公司自治的精神,但是,二者依然没有脱离公司立法之通例,体现了一股一表决以及资本多数决的股东表决权之内核。这样的法律规范虽然具有通行之意义,但是在金融创新视阈下,面对机构投资者投票权行使的特殊问题,上述规定仍显不足,容易造成股东投票权的滥用和责任的推诿。在这样的背景下,我们对涉及机构投资者行使投票权的相关问题进行明确的规定实有必要。

3. 机构投资者行使表决权法律规则的完善

(1)明确表决权行使的主体

股东的投票表决权是基于股东资格而产生的一种带有身份性质的权利。尽管并非所有的股份都享有表决权,但是不拥有股份即不享有表决权。[1] 与普通的个人股东相比,机构投资者因其本身具有的代客理财的金融中介性组织特征,以及因此产生的机构投资者财产与委托人财产之间的复杂关系,使机构投资者表决权行使的主体问题变得极其复杂,因此明确股东表决权行使主体是保障机构投资者有效行使权利的先决条件。下文以比较常见的3种典型的机构投资者为例进行分析。

第一,证券投资基金。证券投资基金是最为典型的机构投资者,《证券投资基金法》第2条规定:"在中华人民共和国境内,公开或者非公开募集资金设立证券投资基金(以下简称基金),由基金管理人管理,基金托管人托管,为基金份额持有人的利益,进行证券投资活动,适用本法;本法未规定的,适用《中华人民共和国信托法》、《中华人民共和国证券法》和其他有关法律、行政法规的规定。"因此,证券投资基金实际上是依据信托原理设计,证券投资基金财产委托人与作为受托人的管理人之间是一种信托关系,基金财产为独立的信托财产,不属于基金管理人和基金托管人的固有财产。基于这种信托理念,作为基金财产的委托人应当将财产权转移或做其他处分,基金管理人作为受托人应当以自己的名义,为受益人的利益或者特定目的,进行管理或者处分财产的

---

〔1〕 殷洁、李静:《论证券投资基金所持股份之表决权的行使》,载《北方法学》2013年第2期。

行为。[1] 因此,作为机构投资者的证券投资基金在行使股东表决权主体的确定问题上,也应当按照上述信托法律关系的基本原理,由基金管理人统一按照自己的名义对外行使表决权。这样的理论构造也符合我国目前在股东名册上将基金管理人作为股东进行登记的实践运作状况。

我国曾经在1998年颁布的《关于加强证券投资基金监管有关问题的通知》第1条第3项中明确指出,基金管理人应当出席上市公司的股东大会,作为股东行使相关股东权利,履行股东义务。然而,在2003年颁布的《证券投资基金法》中并没有对管理人行使股东权利的相关问题进行说明,2012年对《证券投资基金法》的修订甚至没有将行使股东权利视为基金管理人的基本职责之一,在对基金管理人基本职责的规范性描述中,仅有基金管理人从事诉讼行为或其他法律行为的权利,对基金管理人行使特定目标公司股东投票权的行为是否属于其他法律行为的范畴,以及如何行使权利未做说明。这样的法律规定,不仅会造成基金管理人作为机构股东行使权利的障碍,也会产生对投票权滥用的相关问题。因此,在今后的法律规范修订中应沿用原有的法律规定,对基金管理人行使股东表决权等相关股东权利的问题进行必要的规范。

第二,保险基金。《保险法》第2条规定了保险的基本概念,因此,基于保险合同形成的债权债务关系,一旦投保人支付保险费用,保险人与投保人之间即形成了基于合同条件成就时,保险金给付请求权的债权债务关系,这与证券投资基金委托人与管理人作为受托人之间的信托关系是完全不同的。保险基金中所有权完全归属保险公司的部分,被称为保险公司的自有资金,保险公司利用其自有资金进行股权投资,只要符合相关法律规范的规定,保险公司即应当作为股东享有完整的目标公司股东表决权。然而,真正引起表决权行使主体争议的是保险公司通过发放诸如万能险等特殊的保险产品筹集的资金购买目标公司的股权份额。在“宝万之争”中万能险作为前海人寿的主要产品和资金来源出现在万科股东名册上,万能险保费分为两个部分:一部分用于保险保障,而另一部分用于投资账户。万能险下设最低保证利率,投资风险由保险公

[1] 季奎明:《论金融理财产品法律规范的统一适用》,载《环球法律评论》2016年第6期。

司与客户共同承担,因此,万能险与传统保险所具有的负债特征完全不同。[1]正是基于这一特征,产生了对于万能险投资账户中资金归属权的争议,以及由此产生的基于该部分资金购买股份所衍生的股东权利归属的争议。有些学者认为,应将万能险所缴保险保障的资金部分视为传统的保险公司的负债,使用这部分资金购买的权益由保险公司行使股东权利,对于其余的投资部分,则不能由保险公司行使表决权。然而,问题的关键在于,万能险允许投保人根据自身对保障和投资功能的不同需求,主动调节保障和投资额度的设置,[2]因此,在实践的运作过程中,投资账户的具体权益是很难确定的。为了确保机构投资者投票权的有效行使,实现保险基金参与目标公司治理、提升公司治理效率的目的,应当将兼具保障与投资功能的保险基金的投保人与保险公司之间的基础性法律关系视为信托关系,在投保人委托保险人处理财产的同时也将由此产生的投票权利信托于保险公司。

第三,银行理财计划。原中国银监会在2005年颁布的《商业银行个人理财业务管理暂行办法》第10条对银行理财计划的概念进行了规定,"理财计划是指商业银行在对潜在目标客户群分析研究的基础上,针对特定目标客户群开发设计并销售的资金投资和管理计划"。根据这一概念,银行理财计划的特征在于由商业银行针对特定的客户进行开发,并由银行统一销售并进行管理。一般来讲,纯粹的银行理财计划用于投资比较稳健、具有固定收益的债券类产品。然而,这种纯粹的银行理财计划往往收益较低,若进入资本市场进行投资而获得较高的收益,则只能通过与证券投资基金进行合作。《商业银行法》第43条规定,"商业银行在中华人民共和国境内不得从事信托投资和证券经营业务,不得向非自用不动产投资或者向非银行金融机构和企业投资,但国家另有规定的除外",这限制了商业银行进行股权投资的途径,因此,商业银行参与股权投资主要有两条路径:一是用自有资金通过子公司投资,但同时要求按照风险资产125%计提资本占用,其投资总额受资本数量制约;二是使用银行理财

---

[1] 梅慎实、郭禹辰:《前海人寿万能险表决权争议背后》,载《董事会》2016年第8期。

[2] 清华大学国家金融研究院:《规范杠杆收购 促进经济结构调整——基于"宝万之争"视角的杠杆收购研究报告》,载《清华金融评论(增刊)》2017年6月期。

资金进行投资，但根据资管新规，投资人需要具有相应的风险承受能力，且资金期限匹配，因此只能进行所谓的通道业务来实现上述目的。在中国金融行业施行平行监管的语境下，通道业务被普遍认同的含义是："委托方为了规避监管，通过使用资管计划等手段将资金委托给其他资管机构代为投资的业务。"在实践中，委托方通常会保留主动管理权，承担投资损益，而管理人让渡了自己的管理责任，只负责执行指令，起到了桥方的作用。[1] 在"宝万之争"中，宝能集团就曾通过 9 个资管计划将万科 10% 的股权收入囊中，而这 9 个资管计划的大量资金均源于银行理财资金，即所谓的"通道业务"。[2] 在这种通道业务中，理财资金的权属以及由此衍生的股东权利，尚存在争议，究其原因在于通道业务中包含的双重的法律关系。在银行理财计划中，理财客户与银行形成的是委托—代理关系，而这种关系的实质要求银行应当以客户的名义，按照客户的委托和授权进行资产管理活动，因此在银行理财计划基础性法律关系中就不存在表决权的授权，这是与信托相区别的。然而，银行一旦与相关证券投资基金进行通道业务的合作，为了资金管理的便利，则必然要求财产关系以信托的法律形式存在，并要求资金委托方全面让渡自己的权利于受托方。2018 年 12 月，《商业银行理财子公司管理办法》颁布实施，其第 2 条规定："本办法所称银行理财子公司是指商业银行经国务院银行业监督管理机构批准，在中华人民共和国境内设立的主要从事理财业务的非银行金融机构。本办法所称理财业务是指银行理财子公司接受投资者委托，按照与投资者事先约定的投资策略、风险承担和收益分配方式，对受托的投资者财产进行投资和管理的金融服务。"这一办法的出台，意味着通道业务今后将不复存在，合法成立的商业银行理财子公司与金融资产的委托人形成了信托权利义务关系，未来通过该部分资金购买上市公司的股权份额，商业银行理财子公司应当拥有包括股东表决权在内的完整的股东权利，便于最终财产委托人利益的实现。

---

〔1〕 霍海龙：《通道业务的风险》，载《中国金融》2015 年第 24 期。

〔2〕 清华大学国家金融研究院：《规范杠杆收购　促进经济结构调整——基于"宝万之争"视角的杠杆收购研究报告》，载《清华金融评论（增刊）》2017 年 6 月期。

(2)完善表决权行使的程序

在股权改革分置的情况下,建立社会公众股股东的分类表决权制度,使以机构投资者为代表的中小股东的利益得到了极大的保护,提升了机构投资者参与公司治理的热情,出现了许多机构投资者参与公司治理,并获得积极效果的典型案例。但是流通股股东是一个与非流通股股东相对的历史概念,将来会随着国有股的全流通而退出历史的舞台。[1] 而社会公众股股东虽然回避了股份的流通性问题,但仍是一个具有特别含义的阶段性概念,法律也强调社会公众股股东制度只是股权分置改革的过渡性措施。因此,在今后的立法中,考虑如何建立以机构投资者为代表的中小股东的分类表决制度,与传统的类别股东制度相结合,完善表决权行使的相关程序,是应当考虑的重要问题。

在公司运作实践中,股东大会的权力分配采用股份平等原则和资本多数决原则。这两个原则存在的共同逻辑前提是股东的"同质化",即在公司的运行过程中,不存在股东的利益冲突,以及有可能因对利益冲突需要进行合意而产生成本。美国著名公司法学家伊斯特布鲁克(Easterbrook)和费希尔(Fishel)就曾在对公司投票制度的分析中强调:"一个特定公司的股东在特定的时间就他们对公司的希望而言是一个相当同质的群体。"[2]这种看法不仅忽视了不同股东的持股数量差异,也忽视了在对公司利益诉求、关切程度以及股东权利行使的方式、途径等方面都存在较大差异的股东"同质化"的逻辑推演,导致了股东大会内部权力的异化,公司的独立意志成为公司内占有绝大部分股份的控股股东的意志。正是这种以控股股东意志为导向的权利行使方式,使控股股东不断蔑视和侵害中小股东的权利。针对这种情况,必须重新考虑股东大会表决权行使方式,考量不同股东的利益偏好,建立一种新的投票行为的模式。通过建立这种新的模式,保障通过法定程序形成的股东大会意思能够体现不同股东的利益需求,恢复股东大会的权力平衡状态,使股东大会不再成为大股东的"一言堂"。以机构投资者为代表的中小股东分类表决制度正是一种良好

---

[1] 刘俊海:《建立社会公众股股东单独表决制度的有关问题》,载《中国金融》2004 年第 23 期。

[2] Frank H. Easterbrook & Daniel R. Fischel, *Voting in Corporate Law*, The Journal of Law & Economicsl 58,2005,p. 145.

的制度选择,其既有深厚的理论基础作为支撑,又有中国特殊的股权结构实践作为制度生长的土壤。

2013 年颁布的《国务院办公厅关于进一步加强资本市场中小投资者合法权益保护工作的意见》第 4 条第 2 款对中小投资者的单独计票制进行了规定。其核心内容在于,当股东大会审议影响中小股东利益的重大事项时,应当对中小股东的表决进行单独计票,并将计票结果报送证券监管部门。尽管这样的规定表达了立法者对于中小股东利益的关切,然而问题的关键是如果仅是对投票结果分别进行统计、披露和报送,并不能实质性地起到保护中小股东合法权益的作用。同时,由于法律规范中对中小股东和重大事项等概念缺乏明确界定,也缺少对违反该项规定可能引发的法律后果的规定,更增加了上述法规实施的难度。曾经有学者进行过统计,在对 441 位中小股东进行问卷调查后发现,赞成法律规范中规定的仅披露、分别统计中小投资者投票情况的仅占调查总数的 22.90%,而选择应当引入中小股东分类表决制的则占绝大多数,达到了 47.84%。[1] 可见,中小股东更加渴望建立能够切实保障其合法权益的以中小股东单独计票制为基础的分类表决制度。在今后法律规范的修改完善中,我们至少应当注意以下几个方面的内容要素。

第一,合理确定中小股东的范围。准确界定中小股东的概念,合理划定中小股东的范围,明确中小股东类别表决权行使的主体性要件,是整个制度建立的核心。一般来讲,法律规范中对于中小股东的界定可以采用绝对数与相对数两个标准。有学者认为,以股东所持股份的绝对金额作为判定标准更加具有可操作性,比较成熟的做法是,以股东向目标公司出资金额少于 50 万元为标准。然而,就大型的股份公司来讲,通常的做法都是按照股东的持股数量赋予一定的比例,并按照这个比例与股东的各项权利进行关联。因此,实际上通过相对数额的确定,更能反映某一股东在公司中所处的地位。我们同样可以在现行的法律规范中找到以资借鉴的标准。深圳证券交易所颁布的《深圳证券交易所创业板上市公司规范运作指引》第 2.2.7 条就完全采用了相对数的标

---

〔1〕 王靓、沈龙强:《试论资本市场中小投资者单独计票机制的构建》,载《金融纵横》2015 年第 3 期。

准,指出中小投资者的计数以持股5%以下为标准。因此,在未来法律制度的设计中,也应当对中小股东的界定采用相对数标准,这样的做法不仅简单易行,而且能够与其他相关法律制度相互协调。在确定了中小股东的数量标准后,法律还应当对中小股东持股的时间加以规定,保证只有那些关心公司长远利益的中小股东才有权行使上述权利,避免类别表决权被滥用,可以中小股东连续持股3个月或6个月为权利行使主体的必备要件。

第二,明确重大事项的内容。如果要求股东(大)会在全面考虑不同股东的偏好和利益的情况下,对所有其职权范围内的相关事项均采用分类表决的方法进行决议,会对股东(大)会运行的效率产生不良的影响。因此,只有当股东(大)会对影响中小股东利益的重大事项进行表决时,方可启动类别表决制度,以维护公司运营整体效率。《深圳证券交易所创业板上市公司规范运作指引》第2.2.7条第2款对重大事项的内容进行了规范,明确应当以应由独立董事发表独立意见的事项为准。根据第3.5.3条的规定,应当由独立董事发表独立意见的事项包括:董事的提名与任免、高级管理人员的聘任与解聘、相关人员的薪酬事项、公司分配红利的政策等10项内容。同时,该指引中规定所有在深圳证券交易所上市的公司均不能在章程中对上述规范中明确规定的可能影响中小股东合法权益的重大事项私自进行排除。这样的做法,极大地避免了上市公司通过章程有关规定肆意践踏中小股东合法权益行为的发生。然而,规范的效力层次较低,并且规范的主体范围有限,如何在法律层面对重大事项的范围进行准确的界定,从而对所有的公司尤其是公众公司具有明确的指向性作用,是亟待解决的重要问题。

第三,规定中小股东类别表决制度的行使程序。通过分析《国务院办公厅关于进一步加强资本市场中小投资者合法权益保护工作的意见》的相关规定,可以将中小股东的单独计票机制的行使程序概括为"一次开会、一次表决、分别计票、一个决议"。这与传统的股东类别表决权制度——"两次开会、两次表决、两次计票、两个决议"之规定大不相同。有学者认为,传统的类别表决权规定的制度意义在于"如普通股东会与类别股东会均单纯列明召集事由为概括事项'章程修改或公司合并',而未列明具体详细内容,则类别股东获得召集通知时无法知道章程修改或公司合并结果将如何影响其利益，可能会丧失其必须出席会议捍卫自己权益的机会”。[1] 这种观点十分正确。与公司中居于控制地位的大股东以及掌握公司实际经营权的管理层相比，中小股东居于信息上的弱势地位。他们在股东大会进行决议时，往往很难通过获取公司的经营信息形成自己独立的判断，在这样的情况下，就会产生经济学理论中的“羊群效应”。当中小股东与大股东所获信息完全不对称时，中小股东很难对公司治理作出明确的判断，他们往往是通过观察参与股东大会的其他股东的行为而作出判断，在这种信息的不断传递中，许多中小股东与大股东的信息将大致相同且彼此强化，从而产生对大股东及管理层的附和行为。在“羊群效应”的影响下，如果中小股东类别表决制度被设计为召开一次会议，进行一次表决，并最终形成一个决议的程序，许多中小股东的意见将会受到包括公司大股东以及管理层在内的公司实际控制人的“劫持”。因此，对于中小股东类别表决权制度程序的设计还是应当坚持传统的“先后召集、分类表决、两次计票、两个决议”的方式以发挥制度本身的功效。

第四，建立与该制度相适应的网络投票制度。从中小股东的角度讲，建立单独的中小股东类别表决权制度，要求中小股东认真对待投票权，就需要其耗费更多的成本以搜集公司的信息从而了解公司的经营状况，同时亲自参加股东大会，进行投票。但是如果其参与公司治理付出的成本与获得的收益并不成正比，那么他往往更愿意将更多的精力投入关心公司股票在市场上的表现，通过“用脚投票”的方式获得利润，而不是积极地参加股东大会，选择“用手投票”参与公司治理。[2] 如果出现上述局面，类别表决权制度就很难彻底发挥作用。同时，由于中小股东出席会议的人数有限，前文提及的“两次开会、两次表决、两次计票、两个决议”的表决权程序也很难形成制度。因此，应当优化中小股东参与公司投票的环境，践行便捷的网络投票制度，使中小股东分类表决制度更好地发挥作用。中国证监会颁布的《上市公司股东大会网络投票工作指

---

〔1〕 刘胜军：《类别表决权：类别股股东保护与公司行为自由的衡平——兼评〈优先股试点管理办法〉第10条》，载《法学评论》2015年第1期。

〔2〕 黄韬：《公司股东网络投票的法律经济学分析》，载《公司治理评论》2009年第4期。

引(试行)》,标志着股东网络投票制度的正式施行。其后,证监会又于2004年12月7日颁布了《关于加强社会公众股股东权益保护的若干规定》,规定当股东大会的表决涉及可能对社会公众股股东利益有重大影响的相关事项时,强制要求上市公司提供网络形式的投票平台,以便中小股东进行投票表决,如增发新股、重大资产重组等。相关数据表明,无论是中小股东参与股东大会的程度还是中小股东否决股东大会决议的比例,实施网络投票制度的股东大会与未提供网络投票服务的股东大会相比,均有了较大的提升。例如,2008年未提供网络投票服务的股东大会的否决率为2%,而提供网络投票服务的股东大会中,涉及股权分置改革的否决率为8.40%,其他临时及年度股东会议的否决率为19.86%,综合否决率为15.92%,两者形成了鲜明的对比。[1] 截至2013年6月26日,深圳证券交易所的1291家上市公司的5215次股东大会或相关会议采用了网络投票的方式进行,168.9653万人次参与了投票,合计代表股份数1488.1329亿股。其中某些议案正是由于广大中小股东积极参与网络投票被否决的。[2]

通过对相关法律法规的梳理我们可以发现,在涉及网络投票制度的相关规定中,虽然有《上市公司章程指引》和《深圳证券交易所上市公司股东大会网络投票实施细则》等一系列的法规、规章作为制度保证,但是这些法规、规章的普遍效力偏低。经过历次修改的《公司法》也没有条款对网络投票制度有所涉及,这样的做法可能会导致公司通过修订章程排除使用网络投票方式。实践中,尽管大多数上市公司会依据相关规定对股东开放网络投票平台,但是法规、规章及其实施细则的法律约束力还是相当有限的。因此,未来的《公司法》修订应当将建立便利的网络投票制度上升到法律层面,适应公司法与人工智能相结合的发展潮流,有效优化中小股东类别表决权实施的环境。

第五,明确未采用中小股东类别表决制度的法律后果。为了保障类别表

---

〔1〕 黎文靖等:《中小股东仅能"搭便车"么?——来自深交所社会公众股东网络投票的经验证据》,载《金融研究》2012年第3期。

〔2〕《掌握网络投票方法,确保正确行使投票权》,载中国证监会官网,http://www.csrc.gov.cn/pub/neimenggu/xxfw/201505/t20150525_277757.htm。

决制度的施行,法律规范中应当规定未采用该种制度所引起的法律后果,只有这样才能够对公司、大股东形成较强的约束力。按照法解释学的观点,根据《公司法》第22条第2款的相关规定,在股东大会的会议召集程序违反法律及其他相关规定时,股东可以在法定限期内行使撤销权,如果没有采用中小股东类别表决制度的相关规定,应当属于股东可以在法定期限内行使撤销权的事项类型。然而,正如中小股东在行使表决权过程中所表现的理性冷漠一样,当其权利遭受侵犯时,其也未必会有足够的动力对公司提起诉讼。2013年颁布的《优先股试点管理办法》规定,重大事项表决得以通过的先决条件是类别股股东的表决通过。因此,如果公司股东大会决议违反法律规定,未采用中小股东的分类表决制度,无须中小股东启用行使撤销权的相关法律程序,法院即可直接确定其无效,从而维护制度运行之效率。

(3)健全表决权行使的方式

2003年,上海新梅借壳上海港机股份有限公司在上海证券交易所上市。2011年年报显示,上海新梅的控股股东为兴盛集团,其股份持有比例为55.7%。2014年6月,兰州鸿翔等6家公司共同签署《一致行动人协议》,通过合计持有上海新梅总股本的14.23%,成为其第一大股东,[1]兴盛集团则由于多次减持,失去其控股股东地位,由于上海新梅董事会仍处于兴盛集团的控制之下,两大股东之间对上市公司的实际控制权展开了争夺,在双方近一年的拉锯战中,上海新梅的投资者屡屡"受伤",公司业绩持续萎靡不振。2013年7月,代表私募基金利益的北京正谋管理咨询有限责任公司(以下简称正谋公司)向上海新梅全体股东征集委托书,目的在于行使临时股东大会的召集请求权并提出修改公司章程的议案,正谋公司称其行为在于使上市公司的经营走向真正为股东创造价值的正确道路。然而,由于双方存在分歧,正谋公司因无法律规定作为其征集委托书行为的法理依据,其征集行为最终"流产"。时至今日,上海新梅已被证监会列为具有退市风险警示的股票。试想,如果法律规范能够为作为机构投资者代表的正谋公司行使权利提供依据,则机构投资者

[1] 吴婧:《解密上海新梅控制权争夺》,载国际金融报,http://finance.jrj.com.cn/2015/04/20022819119107.shtml,2015年12月20日最后访问。

参与目标公司的治理就能够对上海新梅的大股东及其管理层产生更大的威慑,会更加有利于上海新梅治理的改善。“前事不忘,后事之师”,上海新梅的教训是惨痛的,因此法律规范应当健全对机构投资者投票权行使方式尤其是投票权征集的规定,使其更好地发挥维护机构投资者合法权益的作用。

投票权的征集制度,是指股东或其他主体为了对公司治理施加影响,主动向广大中小股东征集投票代理权,它是机构投资者参与公司治理的重要手段。学者普遍认为,投票权的征集制度与表决权代理制度密切相关。表决权代理制度,在一定程度上实现了股份的收益权与投票权的分开行使,享有投票权的股东可以通过协议将其投票权转让给受托人持有,由受托人代为行使。[1] 各国公司法都普遍确认了表决权代理制度。我国亦然,《公司法》第 106 条规定“股东可以委托代理人出席股东大会会议,代理人应当向公司提交股东授权委托书,并在授权范围内行使表决权”。《上市公司章程指引》和《上市公司股东大会规则》中又对表决权代理的行使进行了细则性的规定,诸如代理书记载内容等。然而,随着大型公众公司的出现,股权结构日益呈现分散化的状态,越来越多的公众股东因为所持股权份额过少,既没有亲自参会的冲动,又缺乏委托他人代为投票的意愿,这一情况导致了因为表决权达不到法定数额而使股东大会流会、公司经营不能正常进行、大股东操控公司等情况的发生,严重地危害了公司和中小股东以及其他利益相关者的合法权益,[2] 为了解决这样的矛盾,投票权的征集制度应运而生,投票权的征集制度是表决权代理制度进一步发展的产物。

投票权征集与表决权代理的本质区别在于,在表决权代理中,股东委托代理人行使表决权是由股东向代理人提出要约;在投票权征集中,股东委托代理人行使表决权是由征集者向股东提出要约,征集者往往请求股东任命自己或本公司的职员为代理人。[3] 表决权由主体性的权利演变为被征集的对象,主

---

〔1〕 汪青松:《论股份公司股东权利的分离——以“一股一票”原则的历史兴衰为背景》,载《清华法学》2014 年第 2 期。

〔2〕 刘素芝:《我国征集股东委托书法律制度的实证分析》,载《法学评论》2007 年第 1 期。

〔3〕 范黎红:《论上市公司委托书征集的法律规制》,厦门大学 2003 年博士学位论文,第 6 页。

体化权利客体化的转变,充分展示了法律科学中目的转换的理论。就机构投资者而言,投票权征集制度的行使,使其参与目标公司治理更具有便捷性。机构投资者可以通过较低的成本投入,获得更多的中小股东支持,将其利用自身优势所形成的具有代表性的股东意见,上升到公司治理层面,从而有效缓解机构投资者参与公司治理的行为受到理性冷漠的桎梏。可见,投票权征集的过程本身就可能发生机构投资者所希望的目标公司的改变,而不在于投票权征集的结果如何。[1] 在我国,由于持股比例的限制,机构投资者在参与目标公司治理的情况下,难以有效地使用投票权对公司决策产生影响。在这种状况下,如果法律规范能够完善对投票权征集的相关规定,机构投资者可使用该项权利获得有利于其参与公司治理的持股数量,通过投票权的行使对公司治理行为产生影响。

中国证监会于2005年颁布的《关于提高上市公司质量的意见》中明确要求,上市公司应当建立投票权征集制度,该意见为该制度规范提供了法律依据。其后,国务院于2013年颁布的《关于进一步加强资本市场中小投资者合法权益保护工作的意见》第4条明确指出,上市公司不得对投票权征集设定最低的持股比例限制。由此可见,立法者认为表决权征集制度应当为中小股东所适用,作为保护其合法权益的重要武器。《上市公司章程指引》和《上市公司股东大会规则》中再一次规定征集股东投票权的适格主体的条件、信息披露以及不得设定持股比例的限定等义务。2018年修订的《上市公司治理准则》在吸收前一阶段的立法经验后,在第16条对投票权的征集制度进行了规范,弥补了2002年颁布的法律的不足。但是,这些法律规范对于投票权征集的规定偏向原则性,缺乏细节性的操作规范,导致以机构股东为代表的中小股东在行权的过程中受到许多阻碍。因此,参考外国法律制度的相关经验,结合现实的考量,对该制度加以完善,使行权过程更为简单、规范,是未来立法修订需要考虑的重要问题,应当包括如下几个方面的内容:

第一,明确行使投票权征集的主体条件。根据我国法律的规定,公司董事

[1] 石兴林:《论机构投资者与公司控股股东的投票代理权之争》,载《商》2016年第30期。

会、独立董事以及符合条件的股东均可成为投票权征集的行权主体。但是,法律对何为符合条件的股东,语焉不详。为了防止公司通过章程或其他手段排除中小股东对投票权征集制度的使用,法律规范又特别规定上市公司及股东大会召集人不得对股东征集投票权设定最低持股比例限制。尽管如此,依然有很多公司利用法律规范的漏洞,对行使权利的股东条件加以限制,例如,尽管不对持股数量进行限制,但是依然规定持股时间以及代理人数量等。这样的限制导致大股东经常作为征集的主体,主动发动征集股东委托书行动,小股东则普遍只是被动的委托方,少有作为征集主体主动出击的,[1]实际上这是对中小股东权利的变相侵害。因此,参考其他国家的立法经验,取消对征集股东资格的限制,征集的主体为不限于董事会、独立董事以及股东的任何人。这样不仅可以发挥制度本身的监督作用,也能够为未来机构投资者表决权顾问公司的设立奠定坚实的立法基础。

第二,完善在投票权征集过程中的信息披露义务。在投票权征集的过程中,常常因为对公司治理议题的了解存在信息不平等性,导致中小股东征集行为的失败。因此,很多国家的法律规范均规定了在征集过程中的信息披露义务。这样的规定保护了被征集主体的利益,同时即使股东不出席股东大会,也能知悉公司的经营状况,借以达到监督经营者的目的。美国证监会在14a规则中,规定了22项披露内容,其中1~6项属于基本的信息披露义务,如股东会信息、征集人信息等,7~21项属于特定决议事项的信息披露义务,如选举材料、薪酬计划、证券发行以及收购等事项。[2] 相比之下,我国仅在《上市公司章程指引》和《上市公司股东大会规则》以及最新修订的《上市公司治理准则》中进行了原则性的规定,即征集股东投票权应当向被征集人充分披露具体投票意向等信息,并没有指明信息的具体内容,缺乏可操作性。因此,在今后的立法修订中应当制定具有可操作性的披露规则。

第三,制定委托书竞争的相关规则。法律规定,投票权征集主体为公司董

---

〔1〕 刘素芝:《我国征集股东委托书法律制度的实证分析》,载《法学评论》2007年第1期。

〔2〕 吴琼:《机构投资者参与公司治理的法律问题研究——以促进股东权的行使为重点》,中国政法大学2011年硕士学位论文,第48页。

事会、独立董事以及符合条件的公司股东。那么，当中小股东征集投票权时，大股东或管理层也会采用相同的手段，获得与中小股东相同或更多的投票委托代理权，这样的表决权的竞争被称为委托书征集竞争或委托书争夺。不难想象，相比中小股东，对公司具有控制权的大股东以及公司管理层处于更有利的地位，从而更容易在委托书征集竞争中获得胜利。因此，为确保投票权征集制度在委托书争夺过程中能够继续发挥制度功能，而不被控股股东以及公司管理层滥用，则必须有相关的制度加以规范。

第五章　机构投资者参与公司治理义务体系的确立

2016年“宝万之争”发生后，许多人对机构投资者举牌上市公司，并在其后参与公司治理的行为产生怀疑。他们认为：“部分机构投资者对目标公司实施野蛮收购，损害了上市公司合法利益，相关机构投资者的行为不是一种金融创新，而是在挑战国家金融法律法规的底线，也是挑战职业操守的底线，是人性和商业道德的倒退和沦丧。”[1]这些质疑之声甫一出台，相关机构投资者迅速作出回应，认为其资金来源合法，且相关收购及披露程序符合法律、法规的规定。尽管各方对“宝万之争”所持意见不尽相同，但笔者认为主流媒体新华社的发声最为准确，其认为：“这些声音发出的背后是监管无奈。面对着具有合法资金来源的机构投资者，当其对上市公司的收购行为并未有违规之处，而作为监管机构又通过何种法律途径能够规制其成为上市公司股东后的行为，使其成为‘负责任’的机构股东，才是监管所要考虑的重要问题。”我国恰恰缺乏这样的法律规范，这才是导致机构投资者滥用股东权利和自身作为机构的影响力，借助各种合法的，甚至非法的手段和途径，包括与上市公司内部人合谋牺牲公司整体的长远性根本利益来追求投资者自身短期收益的最大化的症结所在。

一、机构投资者的双重地位及履行义务的双重性

机构投资者并不是个人投资者在数量和规模上的简单的汇集，而是基于委托代理企业关系的有机组合。机构投资者成为特定目标公司机构股东的转

---

〔1〕金彧、陈鹏：《证监会保监会齐喊话　剑指“野蛮人”》，载新京报网，http://www.bjnews.com.cn/finance/2016/12/05/425909.html。

化过程中，实际上存在两个层次的契约安排，表现为两个层次的委托—代理关系。第一个层次的委托—代理关系表现为分散的投资者，如基金份额的持有人，将其财产交给机构投资者，如基金公司，进行投资组合。第二个层次的委托—代理关系则表现为机构投资者通过购买证券或直接进行股权投资的模式将资产交由特定的目标公司进行经营，用投资目标公司所得支付分散的投资者的收益。基于这样的双重委托关系，也必然会产生机构投资者双重的义务。

（一）基于机构投资者主体性质产生的信义义务

1. 信义关系的存在是信义义务产生的基础

机构投资者的本质是代客理财的金融中介机构，其在各类投资者中聚集资金后，从事包括股票以及债券在内的市场交易活动，帮助投资者实现利益最大化。因此，机构投资者普遍的运作模式是要求投资人将资金投入“资金池”，其后由具有丰富投资经验的专业人士统一管理和运作。管理人通过投资人的托付，获得了开放性的权利，从而与投资人分享财产的收益权和使用权。[1] 正是由于这种财产所有权与管理权高度分离的状态，机构投资者必然存在其本身特有的委托—代理问题，机构资产管理人往往会利用其对投资机构的控制地位，损害投资人的合法利益，投资人因为对这种高度专业的投资机构的交易结构、工作方式、运作流程缺乏了解，而对管理人是否侵害其权利缺乏基本的识别、评估与判断能力。在这种状态下，法律应当为管理人的行为设定相应的边界，规范其应当对投资人承担义务的内涵和外延，这种做法既能切实地维护作为财产所有权主体的投资人的合法权利，又能够为资产管理人的管理行为留有自有决策的空间，这种义务基于信义关系的存在，被定义为机构投资者的“信义义务”。

2. 信义义务的内容

信义义务应当包括两个方面的内容：一方面，为忠实义务的内容，这是对机构管理人道德方面的基本要求。忠实义务的核心是机构资产管理人在处理相关的投资事务时，应以投资人的利益为优先考虑，不得为自己谋求利益，避

〔1〕 许可：《私募基金管理人义务统合论》，载《北方法学》2016 年第 2 期。

免利益冲突;另一方面,为注意义务的内容,且偏重勤勉义务,是指管理人在作出相关的投资决策时,必须审慎、勤勉,并具有相关的能力水平,在充分了解所有可合理取得的重要信息后,方可作出决定。对机构管理人信义义务的落实,已经成为以美国为代表的欧美国家规范机构资产管理人行为的重要手段。

(二)机构投资者作为特定目标公司股东承担的股东受信义务

1. 股东地位的存在是股东义务产生的基础

学者一般认为,在公司资本多数决制度的安排下,大股东对自己拥有的股份享有的表决权被放大,而小股东所拥有的表决权则被吸收,小股东的财产也在事实上被大股东支配,基于此种理由,当然,在大股东与小股东之间产生了受信关系,大股东也对小股东产生了信义义务。然而,资本多数决原则是根据公司作为社团法人必然采纳的集合众多股东意志的制度安排,因而,由此形成的受信关系以及股东的受信义务,就不仅表现为个别股东应有的义务,同时还应当集合为每个股东对公司的受信义务。[1] 机构投资者通过股权投资行为成为目标公司股东,在享有包括股东提案权、股东表决权以及诉讼权等一系列股东权利的同时,也应当承担股东义务,这本就是公司法律制度规范视阈下的题中之义。按照我国《公司法》第 20 条的规定,股东应当依法行使股东权利,不得滥用权利损害公司以及其他利益相关主体的权益,这是对股东义务最基础性的要求。因此,只要是投资人履行出资义务成为公司股东,就应当履行公司法所赋予的股东义务,并能因股东主体性质的不同,产生法外监管之对象。

2. 股东义务的具体内容

虽然法律规定中并未明确指明股东义务的具体内容,但是通过对比董事及高管对公司的义务,依然可以明确股东义务的内容指向。股东义务应当同样包括忠实义务与注意义务两方面。其中,忠实义务属于客观性义务、道德性义务和消极义务,忠实义务要求股东在行使自己的权利时,必须考虑公司及其他股东的利益,不得与之发生冲突,符合行为公正性的要求。相对于忠实义务,注意义务则是一种积极义务。按照注意义务的要求,股东应当以诚信之方

---

〔1〕 朱慈蕴:《对股东诚信义务的再思考》,载《中国法律》2007 年第 4 期。

式、以普通谨慎之人应有的注意履行其权利，不得怠于履行职责，[1]较之中小股东，这一义务对控股股东要求更高。当机构投资者成为大股东甚至控股股东时，对注意义务的履行应当具有更高的标准，作为控股股东的机构投资者必须对公司及其他股东负责，对所托之事务必须尽善良管理人之注意。

（三）尽责管理义务是机构投资者所承担双重义务之统合

机构投资者作为独立的营利性法人，因经营模式的特殊性，法律规范对其义务有了第一层次的需求。同时机构投资者在成为目标公司的机构股东后，法律基于其股东地位，对其承担的股东义务又有了第二层次的限定。鉴于其主体地位的双重性，及基于此产生的双重义务，法律规范应当考虑如何将这两种义务加以统合，以使机构投资者在维护机构资产委托人利益最大化的前提之下，亦能更好地履行作为机构股东的股东义务。机构投资者尽责管理义务就是这样一套完整的法律义务体系，其通过敦促机构投资者积极参与目标公司事务，从而推进更完善的目标公司治理，又间接通过完善的目标公司治理，促进机构投资者的财富增长，提升了机构财产最终委托人的合法利益。英国财务报告理事会（FRC）曾经这样评价："有效的尽责管理义务的落实，不但有利于公司治理目标的实现，更有利于提升投资人及整体经济效益，使机构投资者的双重义务达到统合。"[2]

二、域外尽责管理义务法律制度规范之考察

（一）《尽责管理守则》的制定背景及适用主体

1. 制定背景

2008年，在历经世界范围的金融"海啸"后，许多人开始认为机构投资者参与对目标公司的治理，是解决公司治理危机的重要手段。基于《沃克检讨报告》的相关建议，英国财务报告理事会于2009年正式对《机构法人及其代理人责任—基本原则声明》进行修订，并于2010年7月公布了《尽责管理守则》。

[1] 朱慈蕴：《对股东诚信义务的再思考》，载《中国法律》2007年第4期。

[2] 集保结算所股份有限公司：《研议强化专业机构法人公司治理监督角色：尽责管理守则（Stewardship Code）之研究期末报告》，集保结算所股份有限公司2014年版，第17页。

虽然《尽责管理守则》于2012年再次进行了修订,但是其立法精神并未发生实质改变,均是针对尽责管理义务进行的规定。《尽责管理守则》要求机构投资者在参与目标公司的治理过程中必须遵循良好的作业规范,从而提升目标公司及机构财产委托人的长期利益。

2. 适用主体

根据《尽责管理守则》的规定,其适用的对象为机构投资者,具体又可以细分为资产拥有人及资产管理人。其中资产拥有人包括常见的机构投资者类型,如证券投资基金、保险基金等。资产管理人则为代表机构法人管理资产的公司。此外,还可以延伸适用至服务提供人,如受委托投票机构、受委托代表顾问和投资顾问等其他机构服务提供人,涵盖了英国机构投资者的所有类型范围。[1]

(二)《尽责管理守则》的主要内容

《尽责管理守则》主要内容可以分为基本原则及其与基本原则相适应的配套制度。

1. 基本原则

《尽责管理守则》的主体部分主要包含了7项机构投资者在履行尽责管理义务时应当遵循的基本原则,具体包括如下几个方面的内容:第一,机构投资者必须公开其如何履行尽责管理义务的政策;第二,机构投资者必须制定处理与尽责管理义务体系相关的解决利益冲突的政策,并对该政策进行披露;第三,机构投资者应当对特定的目标公司进行监督;第四,机构投资者应当制定清晰的准则,同时清晰地说明何时参与公司治理活动以及如何增强其自身参与公司治理的活动程度,从而保障以及提升其作为特定目标公司机构股东的价值;第五,在合适的时机,选择与其他投资者一致的行动;第六,具有明确清晰的投票政策,并披露其投票活动;第七,机构投资者应当定期向机构财产委托人汇报其履行尽责管理义务的情况。这7项基本原则基本涵盖了尽责管理义务体系的主要内容,其最终的目的在于保护和提升机构投资者所持目标公

---

〔1〕 Financial Reporting Council, *The UK Stewardsship Code*, The Financial Reporting Council Limited 2012, p. 2 – 3.

司的股权价值,从而使机构财产最终委托人的利益得到增长。[1]

2. 配套制度

为了使《尽责管理守则》中所阐述的规范机构投资者行为的7项基本原则具有更强的可操作性,在《尽责管理守则》的第五部分,针对各项基本原则的落实制定了相应的配套制度,包含如下几个方面的内容:

第一,配套制度规定了机构投资者应当如何公开披露其履行尽责管理义务。其认为义务的履行不仅应当包括对目标公司的监督,而且应当包括参与公司的其他事务,如公司策略、公司绩效、风险、资本结构,甚至包括公司文化的培育以及薪酬事项的管理。[2] 提倡机构投资者应当全面参与目标公司治理,对股东角色进行清晰的定位。配套制度中对于机构投资者参与目标公司治理的方式,也给予了明确说明,其中不仅应当包括在股东大会上行使投票权等常用的法律手段,还应当包括与公司进行有建设性对话这些非法律手段。机构投资者应当完整地说明如何通过尽责管理义务活动的落实,实现了提升并且保护受益者或者客户的利益,这种说明必须反映在其整个投资过程当中。由于资产拥有人、资产管理人以及服务提供人的主要活动不同,对他们应当承担的尽责管理义务的要求也应当有所区别。

第二,配套制度的第二项开宗明义地指出,机构投资者的责任在于为客户及最终受益者谋求利益。其在参与目标公司治理过程中,可能会面对影响客户或母公司的利益情况,因此必须制定、管理并公开披露其面临利益冲突时的处理政策。[3]

第三,尽管《尽责管理守则》的第一项配套制度指出,作为特定目标公司机构股东的机构投资者应当广泛地参与目标公司的治理活动,不应仅限于对公

---

〔1〕 Financial Reporting Council, *The UK Stewardship Code*, The Financial Reporting Council Limited 2012, p. 5.

〔2〕 Financial Reporting Council, *The UK Stewardship Code*, The Financial Reporting Council Limited 2012, p. 6.

〔3〕 Financial Reporting Council, *The UK Stewardship Code*, The Financial Reporting Council Limited 2012, p. 6.

司经营事务之监督。[1] 但是,由于以董事会中心主义为主的公司治理方式在短时间内仍然无法撼动,[2]因此,第三项配套制度仍然规定监督为机构投资者参与目标公司治理最为重要的治理功能。监督应以规律的、定期检查为必要,与此同时,为了防止机构投资者对公司正常经营行为进行干涉,第三项配套制度还明确了监督行为必须为特定目的而为之。特定目的应当包括:了解公司表现的最新情况、了解公司发展的最新情况、确认公司管理层领导有方等。[3] 当机构投资者发现目标公司出现不良的公司治理事项时,可以要求管理层作出详尽的解释。如果机构投资者认为不能接受公司管理层的解释时,他们可以进一步要求公司与其进行对话。在对公司进行监督的过程中,机构投资者应该努力在早期阶段确认可能导致投资价值的重要损失,如果对相关情况有所担心,应当向董事会成员或相关管理部门了解情况。[4]

第四,《尽责管理守则》中虽然希望机构投资者以监督目标公司治理为其主旨要务且不希望机构投资者介入更多的公司经营以免破坏董事会中心主义的要旨,但是,根据第四项配套制度的规定,机构投资者仍然可能扩大参与目标公司治理的事务范围。这种广泛的参与被限制在机构投资者与目标公司董事会或管理层的讨论没有得到建设性的回应时,机构投资者可以考虑将行动升级,[5]升级行动的具体方式可以表现为:针对所关心的议题,另行与管理层举行会议,对公司顾问表达关注的议题,与董事长或其他董事会成员开会等。[6]

第五,配套制度的第五项与机构投资者的一致行动相关。机构投资者与

---

〔1〕 Financial Reporting Council, *The UK Stewardship Code*, The Financial Reporting Council Limited 2012, p. 6.

〔2〕 李诗鸿:《从"美国证监会 14a - 11 规则无效案"看董事提名权改革》,载《法学》2013 年第 5 期。

〔3〕 Financial Reporting Council, *The UK Stewardship Code*, The Financial Reporting Council Limited 2012, p. 7.

〔4〕 Financial Reporting Council, *The UK Stewardship Code*, The Financial Reporting Council Limited 2012, p. 7.

〔5〕 Financial Reporting Council, *The UK Stewardship Code*, The Financial Reporting Council Limited 2012, p. 7.

〔6〕 Financial Reporting Council, *The UK Stewardship Code*, The Financial Reporting Council Limited 2012, p. 7.

目标公司其他股东的一致行动一贯被视为其参与目标公司治理取得成功的重要手段。然而,这样的一致行动也可能会在目标公司、机构投资者以及其他利益相关方之间产生巨大的争议,因此一致行动的范围被严格限制在面临庞大企业、经济压力或有足以毁减重大价值的危机时。只有在前述情况下,共同参与才被认定为最合适的方式。[1] 在采取行动之前,机构投资者应当认真了解一致行动的方式是否符合法律规定,例如,英国金融管理局于2009年对机构股东委员会的公开信,以及收购委员会对股东行动主义第26号实施声明等。[2] 在机构投资者采用与其他股东一致行动的方式参与目标公司的治理方面,《尽责管理守则》的相关规定相当严格。

第六,根据第六项配套制度要求,机构投资者作为特定目标公司的机构股东应当建立明确的对目标公司的投票政策,并披露其投票活动。《尽责管理守则》要求作为目标公司的机构股东必须积极行使投票权,不应当未经判断就对公司董事会与经营管理层进行机械性的支持。[3] 如果机构投资者作为股东通过对话的方式,未能取得令其满意的效果,则应在股东大会上就相关议案进行投票,表示赞成或反对。为了使机构财产委托人或最终受益人对机构投资者参与目标公司治理的情况有所知悉,判断其是否有滥用权利的可能,机构投资者应当完整地披露其整个投票过程。

第七,机构投资者应当按照《尽责管理守则》第七项配套制度的相关规定,定期向机构财产委托人汇报管理及投票活动,对其参与目标公司治理活动的所有内容必须有详细的记录,汇报的期限被限定为每年一次。[4] 同时,《尽责管理守则》对汇报的内容也有严格的规定,应当包含质化与量化的各类资讯。当然,英国财务报告理事会也认为当披露会导致某些不良的结果,以及特别重

---

〔1〕 Financial Reporting Council, *The UK Stewardship Code*, The Financial Reporting Council Limited 2012, p. 8.

〔2〕 *Shareholder Engagement and the Current Regulatory Regime*, https://www. frc. org. uk/FRC/media/Documents/shareholder_engagement_FSA_letter. pdf, Jan. 18, 2017.

〔3〕 Financial Reporting Council, *The UK Stewardship Code*, The Financial Reporting Council Limited 2012, p. 9.

〔4〕 Financial Reporting Council, *The UK Stewardship Code*, The Financial Reporting Council Limited 2012, p. 9.

要的机密资讯泄露时，机构投资者可以在得到英国财务报告理事会准许的情况下予以豁免性的披露。[1]

（三）《尽责管理守则》中遵守或解释的原则

近些年来，软法（soft law）的规范模式在欧美国家的公司立法中较为盛行。鉴于实践中公司治理问题的复杂性，与公司治理问题相关的议题，如内容涉及董事会的组成、结构和运作等事项，大多采用非强制性的原则、标准，上市公司并没有法律义务遵守这些法律规定。[2] 在软法的规范模式下，上市公司应报告他们签署的法律文本，并对其所遵守的条文负责，当他们由于某种原因无法遵守相关条文时也要提出理由。这样的规范模式表现了法律对商事实践的尊重，认为相关商事企业在特定的情况下偏离法律条文的相关规定是十分正常的，软法的规范模式正在为许多公司法专家所接受，影响了包括公司治理准则在内的许多法律条文的制定。《尽责管理守则》目前也采取自愿签署的模式，并依循遵守或解释的原则，签署《尽责管理守则》的机构投资者须就遵循的情况提交报告，若未能遵守则应当就无法遵守的原因作出解释，对于未能遵守《尽责管理守则》相关规定的机构投资者，应当说明他们从事哪些实际行动落实尽责管理义务，以及这些义务的落实是如何协助机构本身或其客户的投资项目获取盈利的，使社会大众能够了解机构投资者所采用的方针。机构投资者如果有多种基金或商品，原则上仅需提供一份声明即可。同时，机构投资者应当解释尽责管理义务的落实适用于哪些基金或产品。[3]

《尽责管理守则》已经施行了十余年。英国财务报告理事会在2014年出版的《公司治理与尽责管理发展的年报》中指出，目前已有超过300家机构投资者签署了《尽责管理守则》，包括201个资产管理人、81个资产拥有人以及13

[1] Financial Reporting Council, *The UK Stewardship Code*, The Financial Reporting Council Limited 2012, p. 10.

[2] [美]莱纳·克拉克曼、亨利·汉斯曼：《公司法剖析：比较与功能的视角》（第2版），罗培新译，法律出版社2012年版，第69页。

[3] Financial Reporting Council, *The UK Stewardship Code*, The Financial Reporting Council Limited 2012, p. 4.

个服务提供人。[1] 尽管通过《尽责管理守则》的规范，已经有一大批关键的机构投资者，有能力且有意愿参与和关注其投资公司的经营管理事务，并且投入公司经营管理事务的程度更深、范围更广，从而促进了机构资产"委托人"财富的增长。但是，《尽责管理守则》中一些条款适用不容乐观，例如，针对公开投票记录的事项，在 2015 年公开投票记录的比例只有 83%，与 2010 年公布的调查结果相比，并没有太大变化，对于公开披露相关的利益冲突，签署《尽责管理守则》的机构投资者中仅有 64% 愿意履行相关规则，另有 35% 的机构投资者虽然签署了《尽责管理守则》，但其并未真正履行该守则之要求。[2] 正是基于上述情况，英国财务报告理事会在 2016 年并没有遵守其一贯按照两年定期检讨修正《尽责管理守则》的原则，而是将工作的重点调整为如何督促机构投资者切实有效地履行尽责管理义务。有学者曾经这样评价，促使机构投资者签署规范容易，真正值得挑战的是能够确保其切实可行地履行义务，这也是许多国家在落实尽责管理义务时所要考虑的重要问题。

三、我国机构投资者尽责管理义务

（一）我国机构股东尽责管理义务法律规范不足

1. 涉及机构股东尽责管理义务要素的法律规定

我国相关法律规范中并没有对尽责管理义务体系作出专门规定，2018 年修订的《上市公司治理准则》新增第 80 条，规定："鼓励机构投资者公开其参与上市公司治理的目标与原则、表决权行使的策略、股东权利行使的情况及效果。"该条虽然有敦促机构投资者履行尽责管理义务之意，但是与传统的尽责管理义务的相关规定相去甚远，缺乏可落实的行为标准，且单一的条款很难形成完整的约束机构投资者参与目标公司治理的行为准则。其他体现尽责管理义务要素的法律规范，则散见于各个单行的法律法规中。具体内容详见

---

〔1〕 *The Signatorie of UK Stewarship Code Statements*, https://www.frc.org.uk/Our-Work/Codes-Standards/Corporate-governance/UKStewardship-Code/UK-Stewardship-Code-statements.aspx, Feb. 15, 2017.

〔2〕 集保结算所股份有限公司：《研议强化专业机构法人公司治理监督角色：尽责管理守则（Stewardship Code）之研究期末报告》，集保结算所股份有限公司 2014 年版，第 26 页。

表 5 - 1。

表 5 - 1　体现尽责管理义务要素的法律规范

法律、法规名称	条号	尽责管理义务要素
《证券投资基金法》	第 5 条第 2 款	确定了基金财产的信托属性，为基金管理人信义义务的履行奠定了法理基础
《证券投资基金法》	第 9 条第 1 款、第 2 款	基金管理人忠实义务、注意义务的总则性规定
《证券投资基金法》	第 17 条第 1 款、第 18 条	基金管理人不得从事产生利益冲突的相关行为
《证券投资基金法》	第 20 条第 1、2、3、5、6、7 项	基金管理人不得从事违反其信义义务的相关行为
《证券投资基金法》	第 21 条第 3 款	基金管理人的投资活动应当遵循基金份额持有人利益优先的原则
《基本养老保险基金投资管理办法》	第 12 条	禁止内幕交易与关联交易等损害养老基金及他人利益、获取不正当利益
《基本养老保险基金投资管理办法》	第 19 条	受托机构及其董事（理事）、监事、管理人员和其他从业人员不得违反忠实义务从事相关行为
《基本养老保险基金投资管理办法》	第 27 条第 2 款	养老基金投资管理机构针对利益冲突的处理政策

2. 法律规范的不足

通过对上述法律规范的总结来看，涉及“尽责管理”义务的法律规范中至少存在两个方面的不足。

第一，法律规范中的义务要素主要表现为机构投资者本身的信义义务，没有对机构投资者作为特定目标公司的机构股东义务进行规定，更没有对二者进行统合。例如，相关机构投资者作为机构股东应当根据其资产委托人的利益制定相关的参与公司治理政策，应当有清晰明确的投票政策并对二者进行披露等。因此机构投资者的尽责管理义务无法被整合为一个内容明确、逻辑清晰的融贯体系。进一步来讲，即使相关法律规范对机构投资者本身的信义义务进行了规定，在重要内容上也存在疏漏的情况，并缺乏可操作的标准。

第二，对某些特定机构投资者与机构财产委托人之间基础性法律关系的认识存在争议，导致对某些特定的机构投资者类型缺乏有效监管。以保险基金为例，《保险法》第2条对保险的概念进行了规定，因此，在传统的保险基础法律关系中，保险人与投保人应当是通过保险合同形成的债权债务关系，即当保险合同约定的条件满足时，保险人应当履行相应的法律义务。基于这一基础性的法律关系，在保险人获得保险资金后，也同时获得了保险资金的全权处置权。这种基于保险合同形成的债权债务关系，与基金产品相比有本质的区别，基金产品中委托人暂时让渡资金所有权，委托管理主体从事营利活动，据此要求管理主体必须按照委托人利益最大化原则从事投资行为，并且委托人具有偿还请求权或赎回请求权。[1] 从这个角度来看，保险人管理保险资金是否应对投保人承担信义义务值得深入考量。然而，随着金融衍生品种类的不断增加与创新，尤其是保险资金在被允许买卖债权、股票、证券投资者基金份额等有价证券后，保险的概念显然已经超越了集中于少数人之危险，由多数人分担损失之旨趣，[2]演变为具有强烈投资内涵的新型金融产品。

以前文所述产生巨大争议的万能险为例，保险公司在运用资金进行投资过程中与投保人形成的信义关系，实际上与基金等产品中的信义关系已毫无二致。在这种情况下，如果法律规范还将保险人与投保人的基础性法律关系定性为债权债务关系，仅对保险人课以债务人义务，那么会因法律规范调整的张力不足，导致保险公司通过万能险、投连险等险种的经营使其自身的资产规模、收入和利润呈几何倍数的增长，但由此引发的投资风险却只能由投保人一方承担，权利与义务严重失衡的制度设计具有极大的风险。在这样的情况下，应当对同时兼具保障与理财功能险种的保险基金施加更严格的信义义务，在相关的法律法规中完善保险公司在行使目标公司表决权过程中的披露制度，

---

〔1〕 李飞主编：《中华人民共和国证券投资基金法释义》，法律出版社2013年版，第15页。
〔2〕 陈云中：《保险学》，台北，五南图书出版股份有限公司1985年版，第7页。

要求其不仅要向万能险等险种的投资人说明是否会在目标公司的股东大会上进行投票，还要解释其赞成或反对相关股东提案的理由，同时，基于信义义务的要求还应当有明确的利益冲突的处理机制，各种权利的行使均以保障投保人的最高利益为考量。为满足分散风险目的而存在的保险人与投保人的债权债务关系，以及投保人应当在保险法律关系中承担的最大诚信义务，显然不满足为了保险资金保值增值目的出现的新型保险产品的需要。新的信义义务体系的建立也必然将会为保险资金的良性发展提供可靠的制度保障。

（二）机构投资者尽责管理义务规范内容的完善

随着金融市场变革的不断加剧，机构投资者通过证券交易活动，成为目标公司机构股东，并试图改善公司治理谋求长期收益，从而实现机构资产的增值与委托人财富的增长，已经成为金融体制创新视阈下不可扭转的趋势。经济合作与发展组织在2016年《二十国集团/经合组织公司治理原则》第三章对机构投资者应当承担的股东义务及机构投资者对机构资产委托人的信义义务如何在公司治理中加以统合进行了专章规定。其认为："机构投资者应当通过对公司治理的参与以及相关治理政策的披露，维护最终受益人的合法权益。然而，基于机构投资者因商业及投资模式的不同，应当对机构股东所履行的尽责管理义务进行区分性规定。"〔1〕在《二十国集团/经合组织公司治理原则》发布后不久，中国证监会迅速表态：作为这一公司治理原则制定的重要倡导国和支持国，我们会抓紧时间按照这一准则的要求对我国相关法律规范进行修改。〔2〕立法者制定和修改法律，应当顺应历史发展潮流，对实际存在的社会现象迅速作出反应，因此制定一部系统规范机构投资者尽责管理义务的法律规范成为亟待解决的问题。根据通过对尽责管理义务内容规定较为完备的英国、日本、我国香港特别行政区的法律规范进行分析与整理，我们能够发现一些具有共

---

〔1〕《二十国集团/经合组织公司治理原则》，载OECD官网，http://dx.doi.org/10.1787/9789264250574-zh，2017年1月4日最后访问。

〔2〕《证监会：〈上市公司治理准则〉滞后要抓紧修订》，载新华网，http://www.gov.cn/xinwen/2016-09/01/content_5104513.htm。

性的规定，分析结论如表 5－2 所示。[1] 因此，我国法律规范在确立机构投资者尽责管理义务体系的内容时，可以进行如下的体例安排。

表 5－2　英国、日本、我国香港特别行政区间具有共性的法律规范

尽责管理义务体系的内容	英国	日本	我国香港特别行政区
制定相关的如何落实尽责管理义务并予以披露	有	有	有
具有处理可能产生利益冲突的方式并予以披露	有	有	有
对目标公司进行有效的监督	有	有	有
清楚说明在何种情况下会提升股东参与目标公司治理的程度，从而提升股权价值，维护委托人利益	有	有	有
在特定情况下与其他股东进行联合行动	有	没有	有
对如何进行股东投票拥有明确的政策并予以披露	有	有	有
定期对委托人及其他相关主体披露尽责管理义务的履行状况	有	有	有
应考虑公司的永续发展及社会责任	没有	没有	有

由于金融创新的不断加快，机构投资者在投资管理活动中应当履行的义务内容也会变得复杂。为了有效防止法律规范在制定过程中产生的滞后性，我国在建立机构投资者尽责管理义务体系的内容时，可以首先对其履行义务过程中所应当遵循的基本原则加以确定。在参照表 5－2 中所列法律规范事项的基础上，我国法律规范在规定尽责管理义务的基本原则时应当包括下列内

〔1〕 Japan's Stewardship Code、The UK Stewardship Code、《负责任的拥有权原则》（中国香港特别行政区）。

容:第一,应当要求机构投资者制定如何履行尽责管理义务的政策并加以披露;第二,应当明确机构投资者在参与上市公司治理活动中的监督地位;第三,应当倡导机构投资者与目标公司董事会及管理层进行有效的对话沟通,同时,也应当允许其制定清晰政策,说明何时参与目标公司治理以及如何提高参与公司治理活动的程度;第四,制定清晰的投票政策,包括决定以及使用投票权的相关程序,并予以披露;第五,在法律允许的框架内,机构投资者与目标公司其他股东采用联合行动的方式共同参与目标公司治理;第六,应当制定机构投资者参与目标公司治理过程中产生利益冲突的管理政策;第七,机构投资者进行的内幕交易和市场操纵行为应当被严格禁止;第八,法律规范应当要求机构投资者在参与目标公司治理过程中落实自身的社会责任。

同时,为了使尽责管理义务体系中的各项基本原则得到更好的落实,法律规范应当针对各项基本原则,制定合理的配套制度。配套制度的功能与实施细则相类似,一方面,指导机构投资者如何落实的具体基本原则;另一方面,在保证基本原则不变的情况下,根据法律规范的具体实施情况对配套制度进行相应的调整。这样的做法,既可以维护法律规范的稳定性,又能够防止其调整的滞后性。具体应当包括如下内容。

第一,《上市公司治理准则》第 78 条规定:"鼓励社会保障基金、企业年金、保险资金、公募基金的管理机构和国家金融监督管理机构依法监管的其他投资主体等机构投资者,通过依法行使表决权、质询权、建议权等相关股东权利,合理参与公司治理。"在参与这些目标公司治理的过程中,产生了机构投资者的股东义务,以及作为机构财产受托人的信义义务,因此,法律应当明确规定,机构投资者必须制定政策,同时明确说明是如何履行这些义务的,这与《上市公司治理准则》第 80 条"鼓励机构投资者公开其参与上市公司治理的目标与原则、表决权行使的策略、股东权利行使的情况及效果"的规定所要表达的立法思想是一致的。但是,由于机构投资者自身经营的模式不同,例如,保险基金是以"保"为核心,一般来讲其风险偏好低,资产负债匹配管理是其区别于其他类型资金的一大特点。[1] 因此,在制定相关规则时,必须考虑哪些规则更能有效地反映机构投资者所扮演之角色、活动的范围,以及其参与公司治理成本与收益之间的比重。应当允许机构投资者按照投资的规模、性质以及地点等因素,调整政策的相关内容。同时,为了使目标公司其他股东及机构财产委托人知悉机构投资者落实尽责管理义务的政策,相关机构投资者应当对政策进行披露,例如,《证券投资基金法》第46条规定了基金份额持有人召开持有人大会的权利,如果在会议上机构财产委托人要求受托人对政策加以说明时,受托人应当给予详尽的说明。

第二,机构投资者对目标公司的治理活动的参与,应以发挥监督作用为主,以直接介入公司的经营为辅。发生于2014~2015年的两个典型机构投资者过度介入目标公司经营的事件,引起了包括监管层在内的社会公众的广泛注意,它们分别为上海家化控制权之争与南玻高管的集体离职事件。以南玻事件为例,从2014年开始,宝能集团通过其控制的保险基金开始增持南玻股份,并最终通过连续举牌、参与定增等方式成为其第一大股东。然而,随着保险基金的入主,其对公司业务的干涉,引发了机构投资者与原有公司管理层之间的矛盾。其后,随着宝能集团在股东大会上对管理层股权激励计划的反对,双方矛盾彻底爆发。2016年11月15日,以南玻董事长曾某为代表的7位南玻高管正式提出辞职,南玻股价自此大跌,公司经营陷入困境。[2] 上海家化与平安信托之间的矛盾也基本与南玻股份类似。为了防止此类矛盾的不断发生,法律规范应当对机构投资者参与目标公司治理过程中的角色给予明确定位,合理划分机构投资者的行为界限。我国在法律规范中规定机构股东参与公司治理行为的目标,即应当以监督为主,以对公司经营事务的参与为辅,同时监督也应当符合特定目的。机构投资者对目标公司监督的具体目的包括:了解公司表现、确认公司领导层对公司领导有方、确认公司现阶段采纳的治理框架

〔1〕 吴晓灵:《规范杠杆收购　促进经济结构调整》,载《清华金融评论》2016年第12期。

〔2〕 刘慎良:《遮羞布撕开　宝能南玻A之争全面开战》,载北京青年报,https://finance.huanqiu.com/article/9CaKrnJYGrc,2017年1月5日最后访问。

适合公司发展等。[1] 监督目标公司的方式,既可以表现为直接与公司管理层进行私下沟通,如直接致函管理层要求对话,也可以表现为在股东大会上提出议案,在股东大会上发言、进行投票表决,在极端的情况下,甚至可以提出诉讼。只有发生有可能影响目标公司商誉的重大环境、社会及治理事项时,机构投资者才可以参与公司的经营管理事务。[2] 这样的法律规定符合机构投资者作为营利性法人,为保护委托人财产安全,并为之增值的经营目的,同时也能够有效维护目标公司、其他中小股东以及利益相关方的合法权益。

第三,参与目标公司治理的动因也在于"用脚投票"成本过于高昂,或者参与目标公司治理获得了丰厚的收益。[3] 基于上述理由,在参与目标公司治理过程中,机构投资者也应当控制成本与收益的比例。法律应当鼓励机构投资者与公司董事会或管理层积极对话,这样的做法既能够表达对公司治理的关注,也能达到控制成本的目的,同时,双方应当就对话内容保密。在对话没有得到有效回应时,应当允许机构投资者就特定的事项提升关注的程度,例如,针对所关心的议题,同管理层召开会议,在股东会上提出决议,在某些情形下提议更改董事会成员等。总之,公司法规定的股东权利的行使方式,机构投资者均可适用。

第四,在公司所有者与公司经营者权力分离的过程中,表决权扮演了十分重要的角色,它是公司所有者与公司经营者的连接点。[4] 《二十国集团/经合组织公司治理原则》指出:"对于养老基金、集合投资者计划、保险公司等充当信义义务人的机构投资者而言,应当认识到投票权也是客户投资价值的一部分。如果机构投资者没有能够有效地行使自己的投票权,也会损害其投资者

---

〔1〕 Financial Reporting Council, *The UK Stewardship Code*, The Financial Reporting Council Limited 2012, p. 10.

〔2〕 Financial Reporting Council, *The UK Stewardship Code*, The Financial Reporting Council Limited 2012, p. 10.

〔3〕 Michael P. Smith, *Shareholder Activism by Institutional Investors: Evidence from CalPERS*, The Journal of Finance 1996, p. 227 - 252.

〔4〕 梁上上:《股东表决权:公司所有与公司控制的连接点》,载《中国法学》2005 年第 3 期。

的合法权益。”[1]在尽责管理义务落实的语境下,这种表决权的行使有了更为丰富的含义,它不仅是履行股东义务的重要表现,同时也承载着维护机构资产最终受益者权利的重要使命。机构投资者必须以明确之举措,保障股东投票权的行使。除此之外,法律还应当要求专业机构投资者对投票政策予以披露,以使利益相关者知悉,例如,对投票、委托投票范围、服务提供人等信息均进行详细记录并予以披露。[2]

第五,我国法律虽然对机构投资者参与目标公司治理的尽责管理义务规定尚不完善,但是对涉及利益冲突的管理规范,依然有较为明确的规定,由此可见其重要地位。利益冲突这一概念滥觞于英美法系,是指代理人同时服务于两个以上不同利益群体时,为满足自身利益或与自身密切相关利益群体的需要而牺牲其他群体利益的情形。[3] 学者王文宇将机构投资者的利益冲突划分为两类:第一类为内部的利益冲突,第二类为外部的利益冲突。内部的利益冲突,主要发生在机构投资者内部,是在各业务间基于利益摩擦而产生的冲突,例如,证券顾问业务、经营业务、自营业务和资产管理业务之间,因为不同的业务理念,殊异的风险偏好和行销模式,引致的利益冲突。[4] 外部的利益冲突,主要发生于机构投资者与外部的非机构投资者之间,其本质是委托人利益与受托人利益之间的冲突。[5]

对外部利益冲突的调整,例如,我国的《证券投资基金法》第 9 条第 1 款明确规定:“基金管理人、基金托管人管理、运用基金财产,基金服务机构从事基金服务活动,应当恪尽职守,履行诚实信用、谨慎勤勉的义务。”第 17 条第 1 款又具体规定:“公开募集基金的基金管理人的董事、监事、高级管理人员和其他从业人员,其本人、配偶、利害关系人进行证券投资,应当事先向基金管理人申报,并不得与基金份额持有人发生利益冲突。”然而,这种信义义务的张力,并

---

〔1〕《二十国集团/经合组织公司治理原则》,载 OECD 官网,http://dx. doi. org/10. 1787/9789264250574 - zh,2017 年 1 月 4 日最后访问。

〔2〕 Financial Reporting Council, *The UK Stewardship Code*, The Financial Reporting Council Limited 2012, p. 10.

〔3〕 http://legal - dictionary. thefreedictionary. com/conflict + of + interest, Feb. 18, 2017.

〔4〕 王彬:《美国金融中介利益冲突法律规制演变及启示》,载《证券市场导报》2013 年第 6 期。

〔5〕 王文宇:《控股公司与金融控股公司法》,中国政法大学出版社 2003 年版,第 235 ~ 236 页。

不能涵盖基于管理、投资关系产生的机构投资者内部之间的利益冲突。我国当下仍然以金融业分业经营的体制为主,因此,源于机构投资者内部的利益冲突表现得并不明显。然而,当机构投资者参与目标公司治理时产生的同质性冲突,确实极为严重且不容忽视。有许多学者指出,在"宝万之争"中,一旦宝能集团对万科的要约失败,就会涉及宝能集团拥有的多种保险产品中,哪一种应当首先退出以满足最终受益者偿付需求的关键性问题。《二十国集团/经合组织公司治理原则》第三章中指出:"机构投资者应当对重大的利益冲突进行披露,因为投票权行使的动力可能来源于不同的直接所有者。"[1]由于金融市场革新的不断加快,机构投资者在投资管理活动中产生的利益冲突的类型,会变得纷繁复杂,为了避免大陆法系法律规范所具有的立法滞后性缺陷,我们应当赋予证监会、银保监会等监管机构以立法权,从而弥补法律制度与现实之间存在的漏洞。

第六,虽然以英国为代表的多数国家和地区的尽责管理义务规范没有将禁止机构投资者进行内幕交易与市场操纵行为视为其义务内容的一部分,但是《二十国集团/经合组织公司治理原则》第三章明确要求,规制机构投资者内幕交易和市场操纵行为的法律规范应当被严格执行,因此,在我国未来的立法中应当将禁止机构投资者利用参与目标公司治理之便捷从事内幕交易和市场操纵行为作为落实尽责管理义务的重要组成部分。

第七,在发达国家,机构投资者所应当履行的社会责任正在为各国立法所重视。英国通过养老金立法,要求所有的养老基金必须披露它们与履行社会责任相关的投资信息,欧洲和澳大利亚正在考虑将英国的这种做法扩展至所有的共同基金。联合国环境规划署 2006 年 4 月 27 日发布了来自 16 个国家、拥有超过 2 万亿美元资产的机构投资者共同签署的《负责任投资原则》(Principles for Responsible Investment, PRI)。机构投资者在该原则中承诺,在符合受托责任的前提下,他们将把环境、社会和企业治理问题纳入投资分析和决策过程;为了成为积极的所有者,机构投资者会将环境、社会和企业治理因

〔1〕《二十国集团/经合组织公司治理原则》,载 OECD 官网,http://dx.doi.org/10.1787/9789264250574-zh,2017 年 1 月 4 日最后访问。

素整合至所有权政策与实践中。同时，机构投资者也将敦促其所投资的目标公司适当披露环境、社会和企业治理的相关资讯，并按照《负责任投资原则》的要求，汇报其自身的活动与进程。[1] 该协议的签署被视为全球金融市场的一个历史性的发展。2020 年由著名的股东服务公司 Morrow Sodali 发布的《2020 年度机构投资者参与公司治理的报告》显示："随着机构投资者参与目标公司治理趋势的加强，关注可持续发展和社会责任的投资也得到了重视，并被视为今后机构投资者参与公司治理的主流。"[2]

在我国，2002 年颁布的《上市公司治理准则》第六章第 81 条及第 86 条首次对上市公司遵守社会责任提出了要求。2005 年修订的《公司法》第 5 条又以法律的形式明确规定公司应当承担社会责任。更加值得关注的是，2018 年修订的《上市公司治理准则》也在第八章提出了对于上市公司发展过程中环境保护以及社会责任的承担问题，其中第 86 条规定："上市公司应当积极践行绿色发展理念，将生态环保要求融入发展战略和公司治理过程，主动参与生态文明建设，在污染防治、资源节约、生态保护等方面发挥示范引领作用。"第 87 条第 1 款规定："上市公司在保持公司持续发展、提升经营业绩、保障股东利益的同时，应当在社区福利、救灾助困、公益事业等方面，积极履行社会责任。"进一步对上市公司社会责任的承担问题进行了细化，体现了立法水平的进步。然而，对机构投资者应当如何推进目标公司履行社会责任则缺乏明确规定，导致机构股东未能发挥其应有的作用。上海证券交易所 2007 年的抽样调查显示：当公司履行社会责任发生财务支出时，5.2% 的公司表示机构投资者会持反对态度，10.4% 的公司表示机构投资者会持支持态度，剩余的 84.4% 的公司则表示机构投资者既不支持也不反对。2010 年，紫金矿业福建公司发生重大水污染事故，该事故对当地环境及相关者利益造成重大损害，引起巨大反响。在紫金矿业发展的历史上，这类事故并不是首次发生，2006 年和 2009 年也发生了类似的事件。然而，作为机构投资者重仓持有的目标公司（2010 年事故发生当年

---

[1] 联合国环境规划署：《负责任投资者原则》，载 PRI 官网，https://www.unpri.org/。

[2] 《2020 年度机构投资者参与公司治理的报告》，载奇点财经，https://sfl.global/news，2020 年 4 月 20 日最后访问。

的年报显示,在其十大流通股股东中,机构投资者占据了5个席位),在事件发生的整个过程中,竟然没有一家机构投资者对公司行为提出怀疑。资料显示,基于这种现状,法律规范应当作出明确规定,积极推进机构投资者社会责任投资理念在目标公司治理过程中的实现。

(三)我国机构投资者尽责管理义务规范内容

我国可参考其他国家和地区有益的立法经验,对机构投资者尽责管理义务体系进行考察,建立尽责管理义务体系,主要包括如下几个方面的内容:

第一,重新定义机构投资者一致行动的概念。目前,发达国家在对机构投资者与其他股东一致行动参与目标公司治理行为进行规范时,主要限定其所使用的条件,即只有在特定的情况下才允许采用一致行动的方式。[1] 然而,在对该制度进行参考借鉴时,我们首先要考虑的问题是在我国法律规范体系内,机构投资者与其他股东共同参与目标公司的治理是否可以被识别为一致行动,从而受到法律规范的调整。

2016年,前海人寿通过多次在二级市场增持,成为万科A的第一大股东。在宝能集团参与万科的治理后,即被万科多次质疑其是否与另一股东华润集团之间存在不正当的关联交易和一致行动行为,且未加披露,损害了目标公司及其他股东的合法权益。然而,宝能集团相关股东以及华润集团均称:"其之间并不存在就共同扩大能够支配的万科股份表决权数量签署或达成任何协议或其他安排,因而不构成一致行动人。"[2]一般来讲,狭义上的一致行动人是指,在上市公司收购过程中,联合起来收购一个目标公司股份并就收购事项达成协议的两个或两个以上的人,也就是联合收购人,[3]我国亦采用了狭义的定义方式进行立法,例如,《证券法》(2019年修订)第63条第1款规定:"通过证券交易所的证券交易,投资者持有或者通过协议、其他安排与他人共同持有一个上市公司已发行的有表决权股份达到百分之五时,应当在该事实发生之日

---

[1] Financial Reporting Council, *The UK Stewardship Code*, The Financial Reporting Council Limited 2012, p. 11.

[2] 华生:《万科模式:控制权之争与公司治理》,东方出版社2017年版,第3页。

[3] 谈萧:《一致行动人的比较法考察》,载《证券市场导报》2006年第6期。

起三日内,向国务院证券监督管理机构、证券交易所作出书面报告,通知该上市公司,并予公告,在上述期限内不得再行买卖该上市公司的股票,但国务院证券监督管理机构规定的情形除外。"基于此,如果单纯根据法律规定进行识别,无论是依照《证券法》第 63 条的规定,还是依照深圳证券交易所引用的《上市公司收购管理办法》,判定宝能集团的相关股东与第二大股东华润集团之间具有一致行动关系确实于法无据。然而,值得我们注意的是,广义的一致行动人还包括在证券交易和股东投票权等权利行使过程中采取共同行动,1975 年香港地区颁布的《公司收购及合并守则》就采用了广义之规定,其规定:"一致行动的人包括依据一项协议或协定,透过取得一家公司的投票权,一起积极合作以取得或巩固该公司的'控制权'的人。"2002 年中国证监会颁布的《上市公司股东持股变动信息披露管理办法》(已失效,以下简称《披露管理办法》)也曾对广义的定义模式有所参考,认为包括共同提案、共同推荐董事、委托行使未注明投票意向的表决权等情形均属于"一致行动"的情况。因此,可以认为,特定目标公司机构投资者联合其他股东共同参与目标公司治理可以被明确地认定为一致行动人,接受法律规范的调整。

然而,随着《证券法》的修订以及《披露管理办法》的废止,一致行动的概念被限定为行动各方必须具有共同的意思表示(或称收购共谋),其他行为如共同提案、共同推荐董事、委托行使未注明投票意向的表决权等情形因为欠缺收购共谋这一要件,即使是关联方共同进行的收购,也未必构成法律所规范的一致行动。[1] 具体应用到上述案例中,万科在股东大会召开之前,已经停牌将近 7 个月。因此,在这个阶段内,无论是宝能集团的相关股东、华润集团,还是其他股东,均无法在公开市场上买到万科的股票。因此,作为控股股东的宝能集团相关公司与第二大股东华润集团坚称二者不存在一致行动关系有法可依。但是,如果继续沿用狭义的定义模式对一致行动进行调整,则无法对机构投资者与其他股东的联合行动进行规范。例如,在"宝万之争"中,宝能集团相关股东与华润集团曾经在股东大会上共同提出改组董事会的要求,以及在新加坡

[1] 蔡奕:《〈中华人民共和国证券法〉重大修订条款解析》,载中国证监会官网,http://www.csrc.gov.cn/pub/newsite/flb/lfzl/jnlfssyzn/yjyd/200701/t20070108_77314.html,2017 年 1 月 20 日最后访问。

开会商讨万科股份转让等一系列事项,这些行为因为没有法律规范加以调整,所以在这一过程中产生的信息披露义务、短线交易的利益归入义务均无从适用,这也是产生争议的原因所在。由于缺乏法律规范的调整,机构投资者可能利用与其他股东一致行动的手段损害目标公司及其他中小股东的合法权益,甚至最终影响机构资产委托人的合法权益。因此,针对调整机构投资者与其他股东一致行动的尽责管理义务规范应当在相关法律规范中予以规定。一方面,严格限定机构投资者可以与其他股东进行一致行动的具体情况。另一方面,要根据我国目前的立法现状,扩展一致行动的概念,将双方的积极合作,如共同召集股东大会、共同提案、共同商定投票方向,纳入一致行动范围进行调整,使机构投资者与其他股东共同参与目标公司治理的行为更加规范化。值得注意的是,法律之所以将包括股东提案权、董事提名权以及临时股东大会的召集请求权等共益权视为少数股东权,目的是实现对上市公司中小股东的权利保护。因此,如果一味将机构投资者与其他中小股东所有的联络行为都视为一致行动法律规范,由此产生的义务也会影响权利保护目的的实现。鉴于此,可以对股东资格进行限制,规定:"只有股东合计持股5%以上,且每一位股东持股不低于总股本5‰,才能被认定为'一致行动人'。"

第二,应当对机构投资者特殊的内幕交易与市场操纵行为进行规范。在我国目前的资本市场中,机构投资者的内幕交易经常会与目标公司选择性披露行为相关。作为一种信息披露方式,选择性披露是指,证券发行人有选择地将一些重大且非公开的信息(如盈利结果、预警或对预测的盈利结果的最终确定)在向一般公众完全披露之前,向一些特定的个人或者机构投资者(通常是指证券分析师或机构投资者)进行披露的做法。[1] 由于我国资本市场成熟度不够高,"选择性披露"行为经常发生,2014年发生的丽珠集团"泄密门"事件就引起了较大的关注。[2] 由于调整"选择性披露"行为的内幕交易的法律规范

〔1〕 王亚楠:《对美国〈公平披露规则〉的再审视——对Secure Computing Corp.案的具体分析与思考》,载徐明主编:《证券法苑》第5卷,法律出版社2011年版,第516~531页。

〔2〕 2014年6月6日,中信证券明星分析师张某某在其微信朋友圈发布消息,主要内容为丽珠集团股权激励的方案及对增速的预测。其称消息来源为丽珠集团向机构投资者的披露。然而,丽珠集团却对散户一直坚称无任何股权激励方案予以实施。这一案例被视为选择性披露的典型案例。

存在立法漏洞，导致法律规范对“选择性披露”的监管出现制度空白。前述漏洞主要表现在两个方面：首先，根据2019年《证券法》第51条第2项的规定，内幕信息的知情人被限制为持有公司5%以上股份的股东及董监高等人员。但事实上，由于对机构投资者持股比例的限制性规定，如果根据这样的法律规范进行调整，大量的机构投资者将被排除在内幕信息知情人的范围之外。其次，2019年《证券法》第50条规定禁止证券交易内幕信息的知情人和非法获取内幕信息的人利用内幕信息从事证券交易活动。因此，非法获取内幕信息构成内幕交易行为，但是法律规范对“非法”一词缺乏清晰的概念界定，机构投资者经常采用的选择性披露方式是否可以定性为非法，从而接受内幕交易规范的调整，根据《证券法》的相关规定无法识别。虽然，在2007年中国证监会颁布的《上市公司信息披露管理办法》第41条和《证券市场内幕交易行为认定指引（试行）》（已失效）第6条的规定中均将选择性披露行为纳入调整范围，但是作为证监会颁布的部门规章和内部执法指引，这些规定并无司法适用效力，亦缺乏修订上位法的能力，[1]因此并不能有效地实现规范的目的。在我国未来的立法中，应当在机构投资者尽责管理义务的引导下，完善《证券法》的相关规定，对机构投资者内幕交易行为的调整要体现信息平等的理论内核，防范区别于一般投资者的机构投资者的内幕交易行为。

与内幕交易相同的是，机构投资者的市场操纵行为在我国资本市场的发展现状下，也表现了极大的特殊性。机构投资者经常会利用参与目标公司治理的机会，通过帮助目标公司进行所谓的“市值管理”从事证券的市场操纵行为。2013年9月，A股上市公司鑫科材料发布定增公告，私募基金泽熙资本通过定增的方式成为目标公司第二大股东。私募基金进入公司后，开始帮助公司进行所谓的“市值管理”，在此之后，目标公司不断释放利好消息，股价一直上涨不断，而泽熙资本早已在这一过程中通过不断减持获利离场。机构投资者这一行为显然已经完全偏离了以提升企业价值为核心的市值管理的核心概念，演变成为机构投资者利用我国资本市场中中小投资者注重消息、概念，盲

---

〔1〕 曾洋：《证券内幕交易主体识别的理论基础及逻辑展开》，载《中国法学》2014年第2期。

目相信市场走势等不良投资习惯,进行市场操纵的行为。这一行为后果使广大中小投资者成为伪市值管理泡沫的最终接盘者,极大地损害了目标公司及其中小股东的合法权益。2014 年,证监会对外公布新闻稿称:"机构投资者以及其他类型股东以市值管理为名的相关行为应当构成对证券市场的操纵。"[1] 2019 年《证券法》第 55 条第 1 款规定:"禁止……(八)操纵证券市场的其他手段。"这一兜底性条款意味着机构投资者以参与对目标公司治理为手段,对证券市场进行操纵行为,无论其具体方式表现为交易操纵、信息操纵还是多种复合型的操纵行为,其均应被纳入法律的调整范围。

第三,应当倡导机构投资者关注目标公司在绿色环保、履行社会责任方面的表现。[2] 2016 年 11 月,上海证券交易所对 A 股上市公司梅雁吉祥发出问询函,要求其第一大股东保险基金恒大人寿披露在较短时间内买入公司股票,又全部卖出的主要考虑,并对外充分揭示相关风险。其后,通过恒大人寿的详细披露,众多投资者才得知,恒大人寿虽然居于大股东地位,但是所持股份比例却被精确地锁定为 4.99%,这样的持股比例并不满足法律规范的披露要求,因此机构投资者增持或者减持等行为免受举牌等多重限制,实为"买而不举"。更加令人关注的是,梅雁吉祥并不是恒大人寿采取这种手段运作的唯一一家上市公司,恒大人寿在 2016 年还先后通过两个保险产品分别持有包括栋梁新材等在内的 5 家公司的 4.95% 的股份,并同样采用了"买而不举"的方式进行了股份转让。从目前既有的法律规范来看,恒大人寿的做法显然无可厚非,然而,作为机构投资者尤其是对资本市场长期稳定发展起着重要作用的保险基金,利用法律监管的空白,采用快进快出的方式"短炒"市场的行为,破坏了资本市场秩序的稳定,是对其应当承担社会责任的违反。近年来,法律规范越来越关注公司在履行社会责任以及绿色环保等非财务指标方面的信息披露。目前,在我国已经逐步开始建立上市公司履行社会责任以及绿色环保投资的相

[1] 蔡奕:《上市公司市值管理法律问题与监管对策研究》,载黄红元主编:《证券法苑》第 14 卷,法律出版社 2015 年版,第 137~155 页。

[2] 时建中、杨巍:《公司社会责任的法学再分析——兼评〈公司法〉修订中的公司社会责任条款》,载李昌麒主编:《经济法论坛》第 7 卷,群众出版社 2010 年版,第 227 页。

关制度。例如,2016年8月,中国人民银行等7部委联合发布的《关于构建绿色金融体系的指导意见》提出了推动证券市场支持绿色投资、逐步建立和完善上市公司和发债企业强制性环境信息披露制度。2017年年底,中国证监会发布的《公开发行证券的公司信息披露内容与格式准则》第2号、第3号完善了分层次的上市公司环境信息披露制度,除对环保部门公布的重点排污单位的上市公司或其重要子公司提出了强制性的环境信息披露要求外,对其他的上市公司的要求提升至"遵守或解释"这一半强制性程度。2018年9月,证监会发布修订后的《上市公司治理准则》,确立了上市公司履行社会责任以及绿色环保投资信息披露的基本框架。由于上述法律规则都属于倡导性而非强制性的,因此上市公司是否能履行上述义务,实际上与机构投资者的推动具有很大的关系。调查数据显示,2019年6月至2020年6月,沪市A股有611家上市公司(占比37.35%)披露了626份的社会责任,其中有272家属于自愿披露。数据分析发现,前十大股东中机构投资者持股越多,上市公司自愿披露的比例越高;同时,市值规模较大的公司自愿披露的比例也相对较高。[1] 因此,在未来我们要更加倡导机构投资者关注目标公司在履行社会责任以及绿色环保等问题上的积极表现,以法律规范的形式促使其能够进一步加强沟通。例如,在2018年11月,中国证券投资基金业协会发布了《绿色投资指引(试行)》,指出"运用投资者权利,督促被投资企业改善环境绩效并提高信息披露水平"也是绿色投资的基本目标之一,其能更好地发挥机构投资者的作用,为目标公司股东创造更为长期和稳定的回报。

综上所述,机构投资者成为目标公司机构股东后参与目标公司治理所引发的各种纠纷,均源于机构投资者信义义务规范不完善与法律适用过程中的不足。机构投资者本身及其所创造的纷繁复杂的金融衍生品,是金融制度不断创新的产物。尽管它们在繁荣资本市场的过程中发挥了不可或缺的作用,但是历史上几次金融危机的爆发也在不断地提醒我们,由于机构投资者过度从事冒险性投资行为的心理偏好,也对孕育新的金融风险起着推波助澜的作

[1] 刘蔚:《ESG与上市公司投资者关系管理》,载"2020中国责任投资论坛"系列成果,https://www.amac.org.cn/businessservices_2025,2020年12月25日最后访问。

用,因此,在我国资本市场尚处于发展阶段时,加强对机构投资者的监管实属必要。法律规范应当以清晰的权利义务框架,界定机构投资者"举牌"上市公司及成为目标公司机构股东后的法律地位,并将其所有的投资管理活动纳入法律规范的轨道进行调整。尽管受我国资本市场发展阶段以及机构投资者发展水平所限,通过引进尽责管理义务的方式也不能解决所有的问题,但是,制定一部具有可操作性的规范机构投资者参与目标公司治理的法律,将其作为对传统机构投资者信义义务的补充,仍然具有立法上的重大意义。

结论与建议

在发达国家历史上，机构投资者持有的资产规模一直呈上升趋势。机构投资者持股比例的上升，一方面，增加了它们对目标公司治理的参与力度和控制力度；另一方面，也使机构投资者继续采用“用脚投票”的方式参与目标公司治理的成本大大提高。因此，机构投资者必然会选择使用股东权利，积极参与目标公司治理，通过促进目标公司市值的提升，达到机构投资者本身以及最终财产委托人财富增长的目的，从而使机构投资者作为理财性金融中介机构的职能得以彰显。在日本和德国，为了促进机构投资者参与目标公司治理，法律规范在很多方面进行了改革，例如，德国从 1998 年开始修改监事会制度，限制监事（尤其是工人代表）的权限。另外，对于销售股票资本利得税的废除，使银行、保险公司开始减持和分散它们所持有的股票，进而导致交叉持股的瓦解。立法允许私人募资成立并管理的养老金进入股票市场，从而引入了新的、具有潜在力量的机构投资者，它们唯一关注的是股票组合的投资回报。随着我国资本市场相关制度的不断完善，机构投资者参与目标公司治理的发展也会获得前所未有的机遇，主要有以下两个方面的表现：

首先，股票注册制度的实行。2015 年 4 月 20 日，第十二届全国人大常委会第十四次会议审议了《证券法（修订草案）》的议案，其第二章“证券发行”第二节规定了股票发行注册制度，这意味着股票注册制的实行呼之欲出。2015 年 12 月 27 日，第十二届全国人大常委会第十八次会议通过了《关于授权国务院在实施股票发行注册改革中调整适用〈中华人民共和国证券法〉有关规定的决定》的议案，授权国务院对拟在上海证券交易所、深圳证券交易所上市股票的公开发行，调整适用《证券法》关于股票公开发行核准制度的有关注册制度的相关规定,期限为两年,这意味着推进股票发行注册制改革有了明确的法律依据。2018 年 11 月 5 日,习近平主席在首届中国国际进口博览会开幕式上进行主旨演讲,宣布将在上海证券交易所设立科创板并试点注册制。2019 年 1 月 23 日,中央全面深化改革委员会第六次会议审议并通过了《在上海证券交易所设立科创板并试点注册制总体实施方案》以及《关于在上海证券交易所设立科创板并试点注册制的实施意见》两个重要文件。其次,中国证监会于 2019 年 3 月 1 日公布施行了《科创板首次公开发行股票注册管理办法(试行)》,其中,明确了科创板试点注册制的总体原则,规定股票发行使用注册制。

2019 年 12 月 28 日,《证券法(修订草案)》获得通过,其中第 9 条第 1 款规定:"公开发行证券,必须符合法律、行政法规规定的条件,并依法报经国务院证券监督管理机构或者国务院授权的部门注册。未经依法注册,任何单位和个人不得公开发行证券。证券发行注册制的具体范围、实施步骤,由国务院规定。"这意味着 2020 年 3 月 1 日起施行的新《证券法》将全面推行"股票注册制"。同时,《证券法》还规定了一系列完备的制度,以配合该制度的实行,例如,第 12 条规定了发行股票的条件,将核准制中的具有持续盈利能力修订为新注册制下的具有持续经营能力,大幅度精简优化了证券发行的条件。同时,新《证券法》还调整了证券发行的程序,取消了发行审核委员会制度,明确了证券交易所等可以审核公开发行证券申请等。随着股票注册制上升为我国证券市场正式的发行制度,接受法律层面的调整,中国的资本市场必将迎来全新的格局。股票注册制度的全面实行不仅为机构投资者参与目标公司治理优化了股权结构环境,同时也提升了机构投资者在整个资本市场中的作用。

第一,注册制的实行使大量股权较为分散的民营企业进入资本市场,为机构投资者参与公司治理提供了良好的股权环境。目标公司的股权较为分散,控股股东不能居于绝对的控股地位,是推动机构投资者参与目标公司治理的积极要素之一。在我国,国有股"一股独大"的股权结构以及由此形成的特殊的公司治理模式,导致机构投资者不能在参与目标公司治理中发挥积极有效的作用。股票注册制的实行,可以在一定程度上改变这种局面。在股票核准制度的背景下,公司发行股票的权利并不被视为公司天然的固有权利,而是源于行政主管机关法定形式的授权。而注册制权利主张的基础在于:“公司发行股票的权利无须政府和监管机构的特别授权,证券发行是发行人的自治权。公司股权融资是公司天然的经济权利。”[1]在股票注册制条件下,证券监管部门对发行人申请股票发行只有相应的审查权和否决权,没有审批权。这意味着,进入资本市场的大门对任何企业始终是敞开的,没有门槛的阻碍。如果注册制能够良好运行,股票发行将会更加市场化,大量的中小企业、民营企业将会进入资本市场,成功上市进行融资,而这些企业的股权结构一般都是较为分散的。

以核准制度条件下A股新上市公司为例,截至2015年年末,A股新上市公司总数为89家,通过对包括东方证券、江苏有线、春秋航空在内的15家新上市公司统计,其中国有控股公司为7家,另外8家均为民营上市公司。在8家民营上市公司中,第一大股东绝对持股数量为4家,其他4家第一大股东均为相对集中持股,即持股数量小于30%。随着这些民营企业上市后的增发或者减持,其大股东的持股比例还会下降,许多绝对控股的公司会转变为相对控股公司,其他相对控股公司会逐渐转变为股权相对分散的公司。即使在严格的核准制条件下,新上市公司仍然以民营公司为主,因此,不难预见,在宽松的注册制条件下,以股权相对分散为特征的民营公司,将成为资本市场的主力,实践中的数据也证明了上述判断,以截至2020年1月末采用注册制股票发行制度的科创板10家上市公司为例,详见表6-1,我们会发现如下特点:(1)股权结构比较分散,第一大股东达到绝对控股地位的只有传音控股与新光光电两家,其余企业甚至未达到相对控股的地位;(2)机构投资者持股数量较少;(3)国有股直接控股或间接控股的企业较少,有部分企业为国有股参股。这些数据证实了前文所论述的部分推断,采用股票注册制进行股票发行,为机构投资者参与公司治理提供了有利的股权结构环境。然而,由于《证券法》对上市公司具有持续盈利能力条款的删除,会导致机构投资者产生投资忧虑。因此,如何积极提升机构投资者在股票注册制下的投资热情,提升其持股份额与持股比例

[1] 李光磊:《股票发行注册制要秉持四项基本理念和要求》,载《金融时报》2015年6月27日。

也是我们不得不面临的重要问题。

表 6－1 采用注册制作为股票发行制度的科创板 10 家上市公司股权结构（截至 2020 年 1 月末）

公司名称（股票代码）	总股本（万股）	第一大股东持股比例（％）	机构投资者持股数量（家）	机构投资者持股比例（％）
N 有方（688519）	9167.95	23.61	无	—
热景生物（688068）	6219.63	23.55	3	0.01
硕世生物（688399）	5862.00	26.61	11	0.06
洁特生物（688026）	10,000.00	31	无	—
芯源微（688037）	8400.00	17.06	12	2.88
航天宏图（688066）	16,598.33	20.94	2	0.02
传音控股（688036）	7156.29	51.05	17	0.17
新光光电（688011）	10,000.00	50.47	5	0.07

第二，股票注册制自身的特点要求必须有机构投资者的配合，才能促进资本市场的良性发展。股票发行上市由核准制转变为注册制，意味着政府角色的转变。在股票注册制的情况下，政府只充当裁判员的角色，既不是教练也不是质检员。[1] 这样的角色转换意味着，股票公开发行申请注册并不意味证券

〔1〕 郭富青：《论我国股票发行注册制改革：理念·制度·环境》，载黄红元主编：《证券法苑》第 16 卷，法律出版社 2015 年版，第 228～250 页。

监管机构对股票投资者所预期的投资价值,或者投资收益进行了实质性的判断或保证。同时,监管机构也不会对发行人提交注册文件的真实性、准确性以及完整性作出保证,基于此,投资者对于所投资的目标公司股份的投资价值必须依靠其已有的披露信息进行相关的价值判断,审慎投资并且自担相关风险。新《证券法》第25条也作了这样的规定:“股票依法发行后,发行人经营与收益的变化,由发行人自行负责;由此引致的投资风险,由投资者自行负责。”同时,为了保障投资者获得有益于投资的相关信息,新《证券法》也强化了对证券发行中的信息披露,要求发行人报送的证券发行申请文件,应当充分披露投资者作出价值判断和投资决策所必需的信息,内容应当真实、准确、完整。尽管如此,这对于缺乏专业投资知识,投资具有投机性的中小投资者来讲还是难以承受的,这种情况往往会造成资本市场的不稳定性。在这样的情况下,具有专业投资技能的机构投资者就能发挥巨大的作用,弥补中小投资者自身的不足。机构投资者在新股发行之前的询价环节会促使发行人向市场释放更深层次的信息,并以其良好的投资理念有效参与上市公司治理,进一步促进资本市场的平稳发展。[1] 综上所述,股票“注册制”的实行,不仅为机构投资者自身的壮大与发展提供了良好的制度环境,同时由于大量的民营公司上市,也为机构投资者参与目标公司治理提供了良好的股权环境。

其次,混合所有制改革的践行为机构投资者参与目标公司治理提供了机遇。混合所有制改革能够在一定程度上解决国有股“一股独大”的难题,并为机构投资者提供更多的参与目标公司治理的机会。党的第十八届三中全会通过的《中共中央关于全面深化改革若干重大问题的决定》第2条第6项指出:“积极发展混合所有制经济。国有资本、集体资本、非公有资本等交叉持股、相互融合的混合所有制经济,是基本经济制度的重要表现形式,有利于国有资本放大功能、保值增值、提高竞争力,有利于各种所有制资本取长补短、相互促进、共同发展。允许更多国有经济和其他所有制经济发展成为混合所有制经济。国有资本投资项目允许非国有资本参股。允许混合所有制经济实行企业

〔1〕 郭富青:《论我国股票发行注册制改革:理念·制度·环境》,载黄红元主编:《证券法苑》第16卷,法律出版社2015年版,第225~280页。

员工持股,形成资本所有者和劳动者利益共同体。”

由此可见,混合所有制经济的改革,实际上是对企业股权结构模式的重新建构。多元化的股权结构模式,旨在解决我们前文所阐述的长期困扰国有企业发展的所有者缺位以及公司治理低效能的难题。混合所有制改革同样为机构投资者提供了另一重大发展机遇。第一,机构投资者因其自身所具有的资金优势,成为混合所有制改革中的重要力量。在混合所有制改革中,大型国有企业往往会通过引进机构投资者作为战略投资者的方式完成,以受人瞩目的中国石化集团公司混改为例,中国石化销售公司通过引进 25 家战略投资者,将其持股比例由 100% 降至 70% ,其中大部分战略投资者为机构投资者,以保险基金为最大赢家。第二,混合所有制改革的路径主要是通过战略投资者持股、股权激励以及员工持股等措施,降低国有股东的股权优势地位,改变国有股“一股独大”的局面。股权结构的改变,也会引起董事会的改组,外部董事必然成为董事会的大多数,同时包括机构投资者派出的董事也能够更多地发出参与公司治理的声音。2019 年由国务院国资委颁布的《中央企业混合所有制改革操作指引》再一次确认了这一原则,其中第 1 条第 6 项规定:“国有出资方强化以出资额和出资比例为限、以派出股权董事为依托的管控方式,明确监管边界,股东不干预企业日常经营。”在实践中,中国石化完成混改后的董事会改组,在 11 个董事席位中,中国石化派出的董事仅占 4 席,其他席位均由外部董事占据。其中,机构投资者委派的董事达到了 3 名,极大地提高了机构投资者在整个目标公司治理中的话语权。

参考文献

一、中文文献

(一)专著类

1. 华生:《万科模式　控制权之争与公司治理》,东方出版社 2017 年版。

2. 赵金龙:《股东民主论》,人民出版社 2013 年版。

3. 上海证券交易所资本市场研究所:《中国公司治理报告(2012):投资者行为与公司治理》,上海人民出版社 2013 年版。

4. 王秀华:《机构投资者持股的公司治理效应研究——基于股权制衡视角》,企业管理出版社 2011 年版。

5. 刘俊海:《股份有限公司股东权的保护》,法律出版社 2004 年版。

6. 姜付秀、[美]肯尼思·A. 金、王运通:《公司治理:西方理论与中国实践》,北京大学出版社 2016 年版。

7. 中国证券监督管理委员会:《中国上市公司治理发展报告——OECD - 中国:公司治理共同评估项目自评估》,中国金融出版社 2010 年版。

8. 孙蕾:《机构投资者参与公司治理法律问题研究》,人民出版社 2014 年版。

9. 柯希嘉:《机构投资者与中国上市公司治理》,社会科学文献出版社 2015 年版。

10. 孙玲:《美国机构投资者发展的实证研究》,湖北长江出版集团、湖北人民出版社 2011 年版。

11. 李维安:《公司治理学》(第 3 版),高等教育出版社 2013 年版。

12. 郑志刚:《中国公司治理的理论与证据》,北京大学出版社 2016 年版。

13. 赵万一:《公司治理的法律设计与制度创新》,法律出版社2015年版。

14. 张忠野:《公司治理的法理学研究》,北京大学出版社2006年版。

15. 季奎明:《组织法视角下的商事信托法律问题研究》,法律出版社2014年版。

16. 刘韶华:《信托原理在民商事法律事务中的应用》,法律出版社2012年版。

17. 刘正峰:《信托制度的民法分析》,江苏大学出版社2016年版。

18. 刘俊海:《现代公司法》,法律出版社2015年版。

19. 张文显:《法哲学通论》,辽宁人民出版社2009年版。

20. 韦桂华:《谁在拯救万科》,中国经济出版社2017年版。

21. 梁上上:《论股东表决权——以公司控制权争夺为中心展开》,法律出版社2005年版。

22. 上海证券交易所研究中心:《中国公司治理报告(2007):利益相关者与公司社会责任》,复旦大学出版社2007年版。

23. 郭俊芳:《证券公司利益冲突的法律规制》,法律出版社2015年版。

24. 李俊英:《基于制度视角的中国机构投资者投资行为研究》,上海财经大学出版社2011年版。

25. 梅慎实:《现代公司机关权利构造论》,中国政法大学出版社2000年版。

26. 虞政平:《中国公司法案例精读》,商务印书馆2016年版。

27. 蔡庆丰:《金融市场的利益冲突——代理投资的利益冲突及其市场反应》,光明日报出版社2012年版。

28. 王文宇:《控股公司与金融控股公司法》,中国政法大学出版社2003年版。

(二)译著类

1. [德]古斯塔夫·拉德布鲁赫:《法学导论》,米健译,商务印书馆2016年版。

2. [德]古斯塔夫·拉德布鲁赫:《法律智慧警句集》,舒国滢译,中国法制出版社2016年版。

3.[美]约翰·C.科菲:《看门人机制:市场中介与公司治理》,黄辉等译,北京大学出版社2011年版。

4.[美]莱纳·克拉克曼:《公司法剖析:比较与功能的视角》(第2版),罗培新译,法律出版社2012年版。

5.虞政平编译:《美国公司法规精选》,商务印书馆2004年版。

6.[德]克里斯蒂娜·温德比西勒、格茨·怀克:《德国公司法》(第21版),殷盛译,法律出版社2010年版。

7.[日]前田庸:《公司法入门》(第12版),王作全译,北京大学出版社2012年版。

8.[德]罗伯特·霍恩等:《德国民商法导论》,楚建译,中国大百科全书出版社1996年版。

9.[德]马克斯·韦伯:《论经济与社会中的法律》,张乃根译,中国大百科全书出版社1998年版。

10.[美]斯蒂芬·M.贝恩布里奇:《理论与实践中的新公司治理模式》,赵渊译,法律出版社2012年版。

(三)中文论文类

1.冯果、李安安:《投资者革命、股东积极主义与公司法的结构性变革》,载《法律科学(西北政法大学学报)》2012年第2期。

2.石兴林:《论机构投资者与公司控股股东的投票代理权之争》,载《商》2016年第30期。

3.刘素芝:《我国征集股东委托书法律制度的实证分析》,载《法学评论》2007年第1期。

4.刘胜军:《论我国上市公司股东提案权——以美国法为借鉴》,载《河北法学》2016年第9期。

5.朱慈蕴、沈朝晖:《类别股与中国公司法的演进》,载《中国社会科学》2013年第9期。

6.魏静芳:《股权分置改革的历史背景及发展趋势》,载《经济问题》2005

年第 9 期。

7. 邱永红：《规制证券短线交易法律制度的现存问题与对策》，载《证券市场导报》2011 年第 1 期。

8. 汤欣：《法律移植视角下的短线交易归入权制度》，载《清华法学》2014 年第 3 期。

9. 谈萧：《一致行动人的比较法考察》，载《证券市场导报》2006 年第 6 期。

10. 钱玉林：《累积投票制的引入与实践——以上市公司为例的经验性观察》，载《法学研究》2013 年第 6 期。

11. 郑松山：《从格力电器董事事件谈我国股东积极主义的发展》，载《南海金融》2012 年第 8 期。

12. 伍坚：《美国法中股东提名董事制度研究》，载《证券市场导报》2014 年第 2 期。

13. 李诗鸿：《从"美国证监会 14a－11 规则无效案"看董事提名权改革》，载《法学》2013 年第 5 期。

14. 黄韬：《股东网络投票：制度安排与现实效果》，载《清华法学》2008 年第 6 期。

15. 刘俊海：《建立社会公众股股东单独表决制度的有关问题》，载《中国金融》2004 年第 23 期。

16. 刘胜军：《类别表决权：类别股股东保护与公司行为自由的衡平——兼评〈优先股试点管理办法〉第 10 条》，载《法学评论》2015 年第 1 期。

17. 王亚楠：《对美国〈公平披露规则〉的再审视——对 Secure Computing Corp. 案的具体分析与思考》，载《证券法苑》第 5 卷，法律出版社 2011 年版。

18. 曾洋：《证券内幕交易主体识别的理论基础与逻辑展开》，载《中国法学》2014 年第 2 期。

19. 梅慎实、郭禹辰：《前海人寿万能险表决权争议的背后》，载《董事会》2016 年第 8 期。

20. 许可：《私募基金管理人义务统合论》，载《北方法学》2016 年第 2 期。

21. 肖宇、许可：《私募股权基金管理人信义义务研究》，载《现代法学》2015

年第6期。

22. 傅穹、曹理:《公司治理模式:全球一体化与中国本土化的相互渗透》,载《国家检察官学院学报》2012年第1期。

23. 朱慈蕴、林凯:《公司制度趋同理论检视下的中国公司治理评析》,载《法学研究》2013年第5期。

24. 梁上上:《股东表决权:公司所有与公司控制的连接点》,载《中国法学》2005年第3期。

25. 汪青松、赵万一:《股份公司内部权力配置的结构性变革——以股东"同质化"假定到"异质化"现实的演进为视角》,载《现代法学》2011年第3期。

26. 王彬:《美国金融中介利益冲突法律规制演变及启示》,载《证券市场导报》2013年第6期。

27. 蔡奕:《上市公司市值管理法律问题与监管对策研究》,载黄红元主编:《证券法苑》第14卷,法律出版社2015年版。

28. 苏虎超:《我国上市公司委托书征集立法研究》,载《政法论坛》2001年第6期。

29. 盛学军:《证券监管立法模式的争鸣与思考》,载《经济法论坛》2003年第0期。

30. 黎文靖等:《中小股东仅能"搭便车"么?——来自深交所社会公众股东网络投票的经验证据》,载《金融研究》2012年第3期。

31. 汪青松:《论股份公司股东权利的分离——以"一股一票"原则的历史兴衰为背景》,载《清华法学》2014年第2期。

32. 季奎明:《论金融理财产品法律规范的统一适用》,载《环球法律评论》2016年第6期。

33. 梁洪明:《实证主义之脉:从哲学到法社会学——一个方法论的检视》,载《中国政法大学学报》2013年第6期。

34. 黄辉:《法学实证研究方法及其在中国的运用》,载《法学研究》2013年第6期。

35. 蒋建湘:《我国国有公司股权结构及其法律改革——以公司治理效率

为主要视角》,载《法律科学(西北政法大学学报)》2012 年第 6 期。

36. 凌兰兰、朱卫东:《资本利得税经济效应研究:美国的经验与启示》,载《税务研究》2008 年第 12 期。

37. 赵万一、华德波:《公司治理问题的法学思考——对中国公司治理法律问题研究的回顾与展望》,载《河北法学》2010 年第 9 期。

38. 吴世学:《全球金融危机与公司治理》,载《交大法学》2014 年第 2 期。

39. 伍巧芳:《〈2010 年华尔街改革和消费者保护法〉述评》,载《法学》2010 年第 8 期。

40. 赵金龙、付建荣:《论股东对公司高管薪酬的投票权》,载《比较法研究》2016 年第 3 期。

41. 李凯:《美国上市公司治理制度的百年变迁及其启示》,载《管理学家(学术版)》2009 年第 5 期。

42. 倪受彬:《公共养老金投资中的受信人义务》,载《法学》2014 年第 1 期。

43. 张军奎、蔡从燕:《功能扩张、工具创新与英美信托法之受托人制度——兼评我国〈信托法〉草案(第五稿)相关条文》,载《东南学术》2001 年第 6 期。

44. 董华春:《浅析美国机构投资者在公司治理中的作用》,载《证券市场导报》2003 年第 6 期。

45. 邓峰:《中国公司治理的路径依赖》,载《中外法学》2008 年第 1 期。

46. 李富有、王健:《中国 QFII 法律规制的缺陷及其完善研究》,载《西北大学学报(哲学社会科学版)》2010 年第 2 期。

47. 赵子夜:《"无过"和"有功":独立董事意见中的文字信号》,载《管理世界》2014 年第 5 期。

48. 梁爽:《董事信义义务结构重组及对中国模式的反思——以美、日商业判断规则的运用为借镜》,载《中外法学》2016 年第 1 期。

49. 汪全胜、张鹏:《法律文本中"定义条款"的设置论析》,载《东方法学》2013 年第 2 期。

50. 胡晓静:《公司治理的解析》,载《甘肃政法学院学报》2008 年第 5 期。

51. [美]卢西恩 A. 伯查克、马克 J. 罗伊:《公司治理和所有权结构中的路径依赖理论》,黄辉译,载《商事法论集》2006 年第 10 卷。

52. 孙光焰:《公司治理模式演进趋势之争的方法论检视》,载《法商研究》2008 年第 3 期。

53. 彭小平:《公司治理中的两类代理问题研究》,载《中国市场》2011 年第 33 期。

54. 蔡奕、严晓宁:《股份全流通后大股东行为变化及监管对策》,载《证券市场导报》2008 年第 5 期。

55. 王奇波、曹洪:《股权制衡与机构投资者参与的公司治理效应》,载《财贸研究》2006 年第 3 期。

56. 刘京军、徐浩萍:《机构投资者:长期投资者还是短期机会主义者?》,载《金融研究》2012 年第 9 期。

57. 王艳丽、刘正峰:《基金投票权问题如何解决——来自美国〈投资公司法〉和〈投资顾问法〉修改的启示》,载《金融纵横》2007 年第 7 期。

58. 李安安:《金融创新与董事信义义务的重塑》,载《证券法苑》2012 年第 2 期。

59. 张洋:《浅谈机构投资者、股权制衡与完善中国股权结构》,载《经济论坛》2009 年第 11 期。

60. 李建伟:《全球公司治理趋同背景下的中国公司治理模式选择》,载《中国法律》2012 年第 1 期。

61. 樊志刚、赵新杰:《全球私募基金的发展趋势及在中国的前景》,载《金融论坛》2007 年第 10 期。

62. 吕敏、王伟立:《上市公司股权结构与公司治理机制研究》,载《企业导报》2012 年第 19 期。

63. [日]佐藤孝弘:《受合法性概念影响的中国公司治理变迁》,载《经济法研究》2010 年第 9 卷。

64. 徐晓松、徐东:《我国〈公司法〉中信义义务的制度缺陷》,载《天津师范大学学报(社会科学版)》2015 年第 1 期。

65. 李维安:《中国公司治理指数十年:瓶颈在于治理的有效性》,载《南开管理评论》2012 年第 6 期。

66. 胡松、欧天奕、高培亮:《中国证券公司历史功过评述》,载《资本市场》2012 年第 3 期。

67. 曾显荣:《养老基金入市与公司治理机制的变迁:美国经验与中国实践》,载《生产力研究》2006 年第 3 期。

68. 尹中立:《我国证券投资基金的发展历程回顾》,载《银行家》2008 年第 10 期。

69. [美]约翰·H. 兰贝恩:《信托法的合同基础》,何美欢译,载《清华法学》2004 年第 1 期。

70. 叶林、郭丹:《保险本质和功能的法学分析》,载《法学杂志》2012 年第 8 期。

71. 霍海龙:《通道业务的风险》,载《中国金融》2015 年第 24 期。

72. 罗大均:《信托法律关系探析》,载《政法论坛》2001 年第 2 期。

73. 缪因知:《证券投资信托的法律构造与监管流变》,载《当代法学》2017 年第 2 期。

74. 刘燕、楼建波:《企业并购中的资管计划——以 SPV 为中心的法律分析框架》,载《清华法学》2016 年第 6 期。

75. 刘宪权:《内幕交易违法所得司法判断规则研究》,载《中国法学》2015 年第 6 期。

76. 张继恒:《从"规范教义"到"法理守则":经济法学研究之转型》,载《法商研究》2015 年第 5 期。

77. 朱慈蕴:《对股东诚信义务的再思考》,载《中国法律》2007 年第 4 期。

78. 冯果、李安安:《金融创新视域下公司治理理论的法律重释》,载《法制与社会发展》2013 年第 6 期。

79. 徐化耿:《论私法中的信任机制——基于信义义务与诚实信用的例证分析》,载《法学家》2017 年第 4 期。

80. 赵昭:《机构投资者受托人信义义务述评》,载《人民论坛》2015 年第

20 期。

81. 甘培忠、雷驰:《对金融创新的信义义务法律规制》,载《法学》2009 年第 10 期。

82. 朱慈蕴:《论金融中介机构的社会责任——从应对和防范危机的长效机制出发》,载《清华法学》2010 年第 1 期。

二、外文文献

(一)著作类

1. Lisa M. Fairfax, *Shareholder Democracy: A Primer on Shareholder Activism and Participation*, Carolina Academic Press, 2011.

2. Bo Gong, *Understanding Institutional Shareholder Activism – A Comparative Study of the UK and China*, Routledge Press, 2014.

3. IRIS H-Y CHIU, *The Foundations and Anatomy of Shareholder Activism*, Hart Publishing Ltd., 2010.

4. Suzanne Young and Stephen Gates, *Power to Change Corporate Behavior: International Perspectives*, Emerald Group Publishing Limited, 2013.

5. Financial Reporting Council, *The UK Stewardship Code*, The Financial Reporting Council Limited, 2012.

6. Burton A. Weisbrod, *To Profit or not to Profit: The Commercial Transformation of the Nonprofit Sector*, Cambrige University Press, 1998.

7. Robert W. Hamilton, *The Law of Corporations in a Nut Shell*, West Publishing, 2000.

8. Tarmar Frankel, *Fiduicary Law*, Oxford University Press, 2011.

(二)英文论文

1. Marco Becht et al., *Returns to Shareholder Activism, Evidence from a Clinical Study of the Hermes UK Focus Fund*, The Review of Financial Studies, Volume 23, Issue 3, 2010.

2. Edward B. Rock, *Institutional Investors in Corporate Governance*, Penn

Law: Legal Scholarship Repository, 2015.

3. Iman Anabtawi and Stout Lynn, *Fiduciary Duties for Activist Shareholders*, Stanford Law Review, Volume 60, Issue 5, 2008.

4. Michael P. Smith, *Shareholder Activism by Institutional Investors: Evidence from CalPERS*, The Journal of Finance, 1996.

5. Anat R. Admati, *Large Shareholder Activism, Risk Sharing, and Financial Market Equilibrium*, Journal of Political Economy, 1994.

6. Bernard S. Black, *Shareholder Activism and Corporate Governance in the United States*, the New Palgrave Dictionary of Economics and the Law, 1998.

7. Edward B. Rock, *The Logic and (Uncertain) Significance of Institutional Shareholder Activism*, the Georgetown Law Journal, 1991.

8. April Klein, *Entrepreneurial Shareholder Activism: Hedge Funds and other Private Investors*, the Journal of Finance, 2009.

9. Yonca Ertimur, *Shareholder Activism and CEO Pay*, RFS Advance Access, 2010.

10. W. Trexler Proffitt and Jr. Andrew Spicer, *Shaping the Shareholder Activism Agenda: Institutional Investors and Global Social Issues*, Sage Organization, Volume 4, Issue 2, 2006.

11. Samuel B. Graves, *Fad and Fasion in Shareholder Activism: The Landscape of Shareholder Resolutions*, 1988 - 1998, Business and Society Review, 2001.

12. Fabrizio Ferri, *The Impact of Shareholder Activism on Financial Reporting and Compensation: The Case of Employee Stock Options Expensing*, the Accounting Review, 2009.

13. Michael Hadani, *Institutional Investors, Shareholder Activism, and Earnings Management*, Journal of Business Research, 1993.

14. Takaya Seki, *Legal Reform and Shareholder Activism by Institutional Investors in Japan*, Coporate Governance, 2005.

15. Tracy A. Thompson, *the Politics of Corporate Control and the Future of*

Shareholder Activism in the United States, Corporate Governance, 1997.

16. Stephen M. Bainbridge, *Shareholder Activism and Institutional Investors*, Law & Economics Research Paper Series, 1994.

17. Chao Xi, *Institutioal Shareholder Activism in China: Law and Practice*, International Company and Commerical Law Review, 2011.

18. Matthew R. Denes et al., *Thirty Years of Shareholder Activism: A Survey of Empirical Research*, Journal of Corporate Finance, Volume 44, 2017.

19. Paul Rose, *Shareholder Activism as a Corrective Mechanism in Corporate Governance*, BYU Law Review, 2014.

20. Frank Partnoy, *U. S. Hedge Fund Activism*, Legal Studies Research Paper Series, 2015.

21. K. A. D. Camara, *Classifying Investors*, Jouranl of Corporation Law, 2005.

22. Edward S. Adams, *Bridging the Gap between Ownership and Control*, Journal of Corporation Law, 2009.

23. John C. Coffee, *Liquidity Versus Control: The Institutional Investors as Corporate Monitor*, Columbia Law Review, 1991.

24. David Orentlicher, *Conflict of Interest and the Constitution*, Wash & Leel Review, 2002.

25. James E. Heard, *Institutional Investors: Agents of Change*, Fordham Finance, 1997.

26. Christopher M. Bruner, *Corporate Govrnance Reform in a Time of Crisis*, Journal of Corporationa Law, 2011.

三、学位论文

1. 陈仲民:《机构投资者与公司治理结构——论发达国家机构股东积极主义的兴起及其对公司治理的影响》,吉林大学 2005 年博士学位论文。

2. 高培涛:《机构投资者参与我国上市公司治理的理论与实证研究》,山东大学 2010 年博士学位论文。

3. 孙蕾:《机构投资者参与公司治理法律问题研究》,吉林大学 2013 年博士学位论文。

4. 赵昭:《机构投资者参与上市公司治理的法律问题研究》,大连海事大学 2015 年博士学位论文。

5. 胡晓静:《论公司治理中的利益平衡》,吉林大学 2007 年博士学位论文。

四、报刊文献

1. 刘锋、韩良:《机构投资者入市具有何种表决权》,载《第一财经日报》2016 年 7 月 13 日,第 1 版。

2. 刘宝、刘芳:《南玻 A 高管集体辞职,万科、宝能系怎样发声?》,载《中国经济导报》2016 年 11 月 25 日,B03 版。

3. 左永刚:《证监会重申证券基金不得从事“通道业务”》,载《证券日报》2017 年 5 月 20 日,A01 版。

4. 金水:《股市捉妖记　万能险到底如何修炼成妖》,载《华夏时报》2016 年 12 月 12 日,A03 版。

5. 熊锦秋:《尽快完善董事提名选举制度》,载《证券时报》2014 年 9 月 19 日,A08 版。

6. 闫铮:《南宁糖业告 QFII 公募基金会否步后尘?》,载《证券日报》2008 年 6 月 24 日,C01 版。

7. 何军:《QFII 短线交易　南宁糖业索赔 4000 万》,载《上海证券报》2008 年 6 月 16 日,第 1 版。

8. 马婧妤:《起底“伪市值管理”证监会惩处首例信息操纵案》,载《上海证券报》2016 年 4 月 11 日,第 1 版。

9. 熊锦秋:《基金扎堆投资可能构成一致行动人》,载《上海证券报》2015 年 5 月 15 日,A02 版。

10. 熊锦秋:《拓展“一致行动人”的内涵与外延》,载《证券时报》2016 年 6 月 3 日,A03 版。

11. 安丽芬:《华润宝能否认“一致行动人”共同要求改组万科董事会》,载《21世纪经济报道》2016年7月1日,A012版。

五、电子文献

1.《深度分析:如何看保险资金积极参与上市公司治理》,载东方财富网,http://stock.eastmoney.com/news/1406,20160701638478555.html。

2.《股东积极主义:共同基金新趋势》,载腾讯网,http://finance.qq.com/a/20130805/010512.htm。

3.《海外成熟市场机构股东积极主义盛行》,载凤凰网,http://finance.ifeng.com/a/20120528/6522572_0.shtml。

4.《股东积极主义移植中国恐水土不服》,载新浪网,http://finance.sina.com.cn/stock/stocktalk/20140514/033619097129.shtm。

5.《“股东积极主义”投资风潮渐起》,载中证网,http://www.cs.com.cn/xwzx/zq/201404/t20140424_4372801.html。

6.《A股需要更多的股东积极主义改善公司治理》,载经济观察网,http://www.eeo.com.cn/2014/0611/261749.shtml。

7.《股东积极主义,A股新浪潮　私募亦参与》,载和讯网,http://funds.hexun.com/2014-06-05/165422575.html。

8.《A股迎来“股东积极主义”时代》,载经济观察网,http://stock.hexun.com/2014-05-30/165264288.html。

9.《机构抢夺上市公司话语权“股东积极主义”投资风潮渐起》,载凤凰财经,http://finance.ifeng.com/a/20140424/12193326_0.shtml。

10.《专家预计,明年社保基金入市比例有望达30%》,载中金在线,http://news.cnfol.com/guoneicaijing/20151216/21948430.shtml。

11.《美国机构投资者在公司治理中的作用》,载中证网,http://www.cs.com.cn/sylm/zjyl_1/201612/t20161226_5134571.html。

后　记

终于写到了后记，提笔的一刹那心中却百转千回，心中无数次设计好的语句，却无从说起。周游教授曾经在他的专著中说过："读后记常常不是读一本书的结束，而是读一本书的开始，从后记中打探作者其人其事以及写一本书前后的花絮，兴许要比单纯浏览目录框架更能迅速地判断是否值得花时间去读完它。"[1]我深以为然。

2015 年，受国家留学基金委的委派我前往美国威廉玛丽学院法学院从事为期一年的商法学访问研究。在美留学期间，我的导师经常跟我提及美国资本市场中机构投资者在参与上市公司治理中发挥的积极作用，以及一些基于机构投资参与公司治理所产生的争议。这让我很受启发，由此联想到我国是否可以大力发展机构投资者，并鼓励其参与公司治理，以缓解或者在一定程度上解决我国上市公司治理中所产生的一些顽瘴痼疾。2016 年回国后，我开始撰写我的博士学位论文《我国机构股东参与公司治理的理论证成与制度完善》，尝试完成我国机构股东参与公司治理的本土化论证。本书是在博士论文的基础上几经删减修订而成，衷心感谢法律出版社编辑陈妮女士和黄筝女士，正是他们的坚持以及付出的耐心与细心，本书才能顺利出版。

在本书的写作过程中，我国《公司法》正在经历一次重要的改革。2021 年 12 月 20 日，第十三届全国人民代表大会常务委员会第三十二次会议审议的《中华人民共和国公司法（修订草案）》在《公司法》13 章 218 条的基础上，实质新增和修改共计 70 条左右，这是继 2005 年《公司法》修订之后，又一次较大篇

[1] 参见周游：《公司法的功能嬗变：从填空到选择》，法律出版社 2022 年版，第 276 页。

幅的修订。我国机构投资者如何利用这次机遇，在资本市场上壮大自身，以及凭借其特殊的“话语权”参与上市公司治理，提升中国上市公司的治理水平是我们理应思考的问题。中国的机构投资者应当按照自身发展阶段的特点，结合我国的国情以及上市公司治理的现状，不断调整，完善制度，为持续推动我国上市公司治理改善而努力。

感谢我的父母，他们不仅给了我生命，还一直支持和鼓励我坚定地走我所选择的人生道路，他们让我明白了一句话：“站直了，别趴下，生活的困难都是你弱他就强，你强他就弱。”感谢我的叔叔、婶婶，这些年来一直给我最温暖的鼓励。感谢我的先生和儿子，是他们的支持让我觉得尽管生活充满了困难，但依然不要放弃热爱。“师者，传道、授业、解惑者”，感谢我的恩师赵新华教授，他总能不厌其烦地听我讲出困惑，帮我解决问题，并亲自为本书赐名。感谢河北大学副校长孟庆瑜教授，是他的知遇之恩，让我的博士学位论文有机会出版。感谢河北大学法学院院长陈玉忠教授、法学院副院长陈佳教授、系主任刘广明教授，还有我可爱的同事付鑫、郭玲……是你们的鼓励支持让我在商法学教学和研究的道路上能够不断探索和前行。感谢中南大学的龚博老师，您优秀的博士学位论文激发了我从事研究机构投资者的兴趣，感谢您把第一手资料分享给我，并无数次为我提供了新的研究方向和思路。

所有的人都要为自己选择的人生道路承担责任，有的人选择宽阔平坦的康庄大道，有的人选择曲折崎岖的羊肠小径，但无论哪一种道路，只要努力走下去都会是人生一道独特的风景线。专著的完成不是我学术生涯的结束，而是开始，相信我一定会走出更好的风景，机构投资者在路上，我在路上……

王心怡

2022 年 7 月于北京